Elisabeth Motsch | Jon Christoph Berndt®

Profil mit Stil

Elisabeth Motsch | Jon Christoph Berndt®

PROFIL MITSTIL

Persönlichkeit als Marke – Kleidung als Statement

GOLDEGG
VERLAG

Bildrechte Autorenfoto: Stephan Rumpf
Illustration Cover: © cylnone, fakegraphic, majivecka, Artco – fotolia.com

Der Verlag und seine Autoren sind für Reaktionen, Hinweise oder Meinungen dankbar. Bitte wenden Sie sich diesbezüglich an verlag@goldegg-verlag.com.

Aus Gründen der Lesbarkeit werden im Buch abwechselnd männliche und weibliche Personen beschrieben. Diese Zuteilung ist rein zufällig und meint immer beiderlei Geschlechter, außer der Sinn gebietet etwas anderes.

Der Goldegg Verlag achtet bei seinen Büchern und Magazinen auf nachhaltiges Produzieren. Goldegg Bücher sind umweltfreundlich produziert und orientieren sich in Materialien, Herstellungsorten, Arbeitsbedingungen und Produktionsformen an den Bedürfnissen von Gesellschaft und Umwelt.

Gedruckt nach der Richtlinie des
Österreichischen Umweltzeichens
„Druckerzeugnisse",
Druckerei Theiss GmbH, Nr. 869

MIX
Papier aus verantwortungsvollen Quellen
FSC
www.fsc.org
FSC® C012536

ISBN Print: 978-3-902991-91-1
ISBN E-Book: 978-3-902991-92-8

© 2015 Goldegg Verlag GmbH
Friedrichstraße 191 • D-10117 Berlin
Telefon: +49 800 505 43 76-0

Goldegg Verlag GmbH, Österreich
Mommsengasse 4/2 • A-1040 Wien
Telefon: +43 1 505 43 76-0

E-Mail: office@goldegg-verlag.com
www.goldegg-verlag.com

Layout, Satz und Herstellung: Goldegg Verlag GmbH, Wien
Druck und Bindung: Theiss GmbH

Dieses Buch widmen wir jenen, die mit ihrer profilierten Haltung und ihrem stilvollen Handeln dafür sorgen, dass ihre Welt genauso wie unsere Welt ein Stück lebenswerter ist.

Inhaltsverzeichnis

Worum es geht

Wer weiß, wer er ist, weiß auch, was er tut. Das klingt sehr einfach, ist aber granatenmäßig anspruchsvoll bei der Umsetzung: Wer weiß schon wirklich, wer er ist – wofür er brennt, wofür er stirbt (besser noch, wofür er lebt), ohne was er nicht leben kann, was er braucht wie die Luft zum Atmen, worin er seine ganz persönliche Erfüllung, seinen Sinn im Leben sieht, das bisschen Glück, von dem alle immer reden, das aber scheinbar nur ganz wenige tatsächlich erfahren, wenn man in all die freudlosen graumäusigen Gesichter morgens im Bus, tagsüber im Büro, nach Feierabend auf der Straße, abends in der Kneipe, am Wochenende im Park und im Urlaub am Pool schaut? Genauso farblos einheitsbreiig sind die Leute gekleidet. Bloß nicht auffallen, wo ich schon nicht weiß, wer ich bin, und schon dreimal nicht, was ich will! Der Ausdruck persönlicher Freiheit und Individualität, nach dem trotz alledem alle Menschen streben (deshalb gibt es ja auch die unterschiedlichsten Stoffe, Schnitte und Farben, außerdem Schminke, Tattoos und Nagellacke), beschränkt sich dann doch gern auf die Ohrclips mit gefälliger Perle oder auf die Krawatte mit den rosafarbenen Amöben drauf. Alles andere wäre zu gewagt und dafür bräuchte es erst einmal die aufrechte Haltung und die Erlaubnis, die man sich guten Gefühls selbst dafür gibt. Aber die hat man ja nicht und man bekommt sie auch nicht, wenn man weiterhin bloß mit der Masse mitschwimmt und irgendwie alles so geworden ist, wie es nun mal geworden ist.

Das muss man schon mögen auf die Dauer, so ein Leben. Viele Menschen haben stattdessen von Zeit zu Zeit, mit zunehmender Lebensreife immer öfter und stärker, das Gefühl, dass das nicht alles gewesen sein kann. Sie werden dann unzufrieden und fangen an, an sich herumzulaborieren. Sie probieren sich aus und tun mal dies und lassen mal jenes. So geht es vielfach hin und her, wie ein mäandernder Bergbach, aber das Ziel ist unklar, und vor allem frisst das alles Zeit, Kraft, Nerven und Geld. Man kommt mit sich nicht weiter; das macht sich auch bemerkbar, wenn es darum geht, einen eigenen unverwechselbaren Stil zu prägen, der zu einem passt und den die Kollegen genauso wie die Sportsfreunde, die Herzensfreunde und die Bekannten eindeutig mit einem verbinden. Meist ist es kein Stil und beschränkt sich auf das Undefinierbare, auf das Mitschwimmen auf der Welle der bemühten Gleichgültigkeit – Casual-Klamotten, die immer und zu allem ganz okay sind, aber auch nicht mehr, und schon gar nicht stilbildend, unauffällige Accessoires aus dem einschlägigen Massengeschmacksaccessoirefachhandel, weil man ein paar davon ja haben muss, und gedeckte Farben, die nicht auftragen, schon gar nicht auffallen.

Bevor Sie auch anfangen, sich auszuprobieren, auf der Suche nach dem besten Ausdruck Ihres Ichs und dessen, was es auf den Punkt bringt: Schaffen Sie sich zuerst die valide unumstößliche Grundlage dafür. Wenn die klar ist, wissen Sie (und müssen es nicht mehr bloß glauben), welcher Ihr Stil ist und wie Sie ihn verkörpern. Deshalb vereint dieses Buch zwei Disziplinen logisch miteinander:

- Im ersten Teil das Human Branding für das Innere Ich. Damit schaffen Sie eine eindeutige Marke für sich, die Sie so kraftvoll profiliert, wie es Ihre Lieblingsmarken unter den Produkten des Alltags tun. Der Mensch, auch Sie, kann nämlich eine genauso eindeutig wahrnehmbare Marke sein, die man genauso liebt und unbedingt haben will, wie Sie Ihre Lieblingsmarken.

- Im zweiten Teil die so wichtige Erfolgsdisziplin Stil und Outfit für das Äußere Ich – wenn es darum geht, Ihre eigene Marke zu leben und so begehrenswert zu machen, dass die Menschen mehr von Ihnen haben und erleben wollen (und zwar die Menschen, von denen Sie sich das ebenfalls wünschen). Weil sie dermaßen anziehend ist.

So müssen Sie nicht mehr immer wieder ausprobieren, zurückrudern und neu ausprobieren und können sich stattdessen ganz geplant dem widmen, was ihre wahre Persönlichkeit lebbar und erlebbar macht. Mit der Technik der Marke und mit den Stil-Mitteln Kleidung, Farben und Accessoires. Dann wissen Sie, wer Sie wirklich sind und was Sie dafür tun müssen, um es – bei allem, was Sie tun – auch zu sein. Für sich selbst wie in der Wahrnehmung aller anderen.

Lesen Sie los!

Salzburg und München, im Frühjahr 2015

Elisabeth Motsch und *Jon Christoph Berndt*®

Persönlichkeit als Marke

1. DAS INNERE ICH

Ein profiliertes Ich für mich

In der Markenwelt und besonders auch beim Human Branding gilt eines: Ihre Marke ist das, was man hinter Ihrem Rücken über Sie erzählt. Das ist die einzige Definition von »Marke«, die es lohnt, sich zu merken. Es geht also gar nicht so sehr darum, wie man sich selbst sieht (meist ist dieses »Selbstbild« etwas oder ganz schön viel zu rosig), sondern viel eher, wie andere einen wahrnehmen (das »Fremdbild« ist da schon viel realer, kritischer). Ob man sich im Beruf neu positionieren will, und das wollen die meisten Menschen, die sich mit Human Branding beschäftigen, oder im Privat- und im Freizeitleben: Zuerst kommt immer die Blaupause, das Backrezept für neue Aktivitäten, neue Botschaften und eine justierte Wahrnehmung durch andere. Jedes schöne Haus braucht einen Plan, jeder leckere Kuchen ein Rezept. Diese Grundlage ist hier die Marken-Persönlichkeit und hat eine vergleichbare Funktion: Erst kommt der Plan, dann kommt seine Verwirklichung. Denn nur wer erst einmal weiß, wie er auf die Personen um ihn herum wirken will, kann bewusst steuern und beeinflussen, wie er von Mitbewerbern (zum Beispiel um einen Job), Mitbemühern (besonders um das Herz eines anderen Menschen) und Mitstreitern (im Sportverein oder in der Partei) wahrgenommen wird. Und was bei Unternehmen und Produkten als Branding bezeichnet wird, heißt beim Menschen Human Branding. Es profiliert ihn genauso als einzigartige Marke; so einzigartig wie seine Lieblingsmarken: Welches Auto ist das tollste, welches Müsli das leckerste, welches Handy will ich haben? Diese enorme Anziehungskraft haben Menschen auch – wenn sie sich auch als so starke Marken positionieren. Dann haben sie die Basis für alles, was sie tun, und für alles, was sie getrost einfach weglassen können. Und das ist dann die beste Berechtigung dafür, weniger tun zu müssen, um mehr zu erreichen; im Beruf genauso wie im Privatleben und in der Freizeit.

»Marke« kommt von »Branding«, und das kommt von den Cowboys im Mittleren Westen. Die hatten es eines Tages satt, zu Feierabend immer erst mühsam ihre Rinder auseinanderdividieren zu müssen, bis sie sich endlich ans Lagerfeuer setzen konnten, um zu rauchen. Oftmals gab es dabei sogar Streit, weil ein Rind nun mal aussieht wie ein Rind. Deshalb fingen sie an, die Tiere mit dem glühenden Eisen unverwechselbar mit ihren Zeichen und Symbolen zu branden.

Heute ist das Rind die Firma und das Brandzeichen ist das Logo. Die Markentechnik kam über amerikanische Beratungsunternehmen, die zu Beginn des 20. Jahrhunderts damit angefangen hatten, Marken wie General Electric, IBM und Coca-Cola zu branden, zu uns nach Europa. Hier hat sie dann Unternehmen und Produkte wie BMW, Salamander, Nivea, C&A und Rodenstock groß gemacht. Heute kann auch jeder Mensch von dieser Technik profitieren, der sich mit den Instrumenten und Werkzeugen der Markenbildung auseinandersetzt. Kein Hexenwerk, sondern lediglich die klare Entscheidung dafür, ein Wunsch-Profil zu entwickeln, das in der Folge jeden Tag gelebt und damit erlebbar gemacht wird. Es ist die Entscheidung für die eine Erkenntnis: Was passt wirklich zu mir und was damit ganz und gar nicht? Was tue ich ganz entschlossen, was eher halbherzig und was nur für die anderen, aber nicht für mich?

Viele Menschen haben diesen einen Bäcker, bei dem sie sich hundertprozentig sicher sind, dass er die Croissants bäckt wie kein Zweiter im Viertel. Oder dieses eine Kaffeehaus in der Vorstadt, wo der Café Crème einfach doppelt und dreifach so gut schmeckt als sonst wo. Aber warum ist das so? Ist das Croissant, der Kaffee wirklich besser? Oder haben es diese Leute einfach irgendwie geschafft, in mein Herz zu springen? Dorthin, wo eine ganz klare Entscheidung für oder gegen ein Produkt stattfindet. Wieso liegen eigentlich beim Wocheneinkauf immer dieselben Produkte derselben Hersteller in meinem Einkaufswagen? Schmeckt man bei dieser einen Milch tatsächlich die Bergkräuter heraus, die die Kühe angeblich das halbe Jahr da oben auf der Alm fressen? Ist diese eine Margarine wirklich doppelt so streichzart wie all die anderen? Was habe ich eigentlich davon, dass ich mich für ein »Markenprodukt« entscheide, anstatt für Gut & Günstig? Und sind die Gut-&-Günstig-Produkte denn keine Marken? Fragen über Fragen. Eine oft gegebene Antwort: Bei einer echten Marke hat man vor allem dieses eine spezielle Gefühl. Ist das nicht schön?

Wer die Mechanismen der Markenbildung kennt und weiß, wie sich seine Lieblingsmarken derart erfolgreich positionieren, der weiß sich das auch selbst zunutze zu machen. Dann kann er sich genauso begehrlich und attraktiv machen; besonders mit den Faktoren, die in unserer immer komplizierteren Welt immer ausschlaggebender für den wahren Erfolg sind, das wahre Ankommen bei sich selbst. Es lohnt sich zu ergründen, was einen selbst einzigartig macht; in allen Lebensbereichen. Ist diese Essenz erst gefunden, wird der Erfolg planbar, und zwar materiell (bei Umsatz und Profit) genauso wie emotional (bei Spürbarkeit und Zufriedenheit). Die Marke ist das Versprechen. Und das Marketing ist all das, was der Mensch tut und lässt, um das Versprechen einzulösen. Und zwar so, dass in all seinen

Aktivitäten die Marke erkennbar durchschimmert. Dann »zahlen alle Marketingaktivitäten auf die Marke ein«, wie die Fachleute sagen.

Eine starke Marke erkennt man daran, dass man sie erkennt. Wer sich immer hinter anderen versteckt, nicht klar sichtbar und nicht besonders spürbar ist, der wird irgendwann bemerken, dass es nicht ausreicht, bloß alles »richtig« zu machen. Menschen spüren es gleich, wenn ihnen eine echte, eindeutig wahrnehmbare Persönlichkeit gegenübersteht; das kennt man von sich selbst. Sie machen sich sofort ein Bild von ihrem Gegenüber, lassen ihre Gefühle und ihre Sinne walten und bilden sich eine Meinung, ob sie sich mit diesem Menschen länger auseinandersetzen wollen. Diese Automatismen passieren in Bruchteilen einer Sekunde, ob wir wollen oder nicht. Die Frage ist nur, mit welchem Ergebnis. Wobei jedes Ergebnis ein gutes Ergebnis ist, das zu einem klaren »Ich will mehr von dem!« oder zur ebenso entschiedenen Ablehnung führt. Denn: Eine wirklich starke Marke hat immer wahre Fans und wahre Ablehner, aber es gibt nur wenige Menschen, denen sie egal ist. Das hat schon Franz-Josef Strauß, der markante bayerische Recke, gewusst. Der konnte zwar kein Englisch, aber das hat er noch auf seine fälschungssichere Art und Weise rausgegrantelt: »Everybody's Darling ist everybody's Depp.« Stimmt.

Der Mensch umgibt sich gern mit Marken-Persönlichkeiten, die nahbar und greifbar sind und seine Erwartungen erfüllen; die sein Vorschussvertrauen auslösen und regelrecht von innen nach außen strahlen. Da drinnen steckt die Marke, die man mit den Werkzeugen des Human Branding entwickelt. Sie gibt Sicherheit, wenn es anschließend zum Marketing kommt; im täglichen Leben, immer und überall. Gerade auch in Stilfragen, wenn es um etwas Neues, vielleicht sogar Experimentelles geht: »Traue ich mich, heute Abend auf der Party dieses messerscharfe rote Kleid anzuziehen, oder verstecke ich mich lieber wieder in meinem grauen Hosenanzug?« Sie ist die exquisite Anleitung bei den ersten Schritten in ein selbstbestimmteres Leben: »Darf ich auch mal ohne Krawatte ins Büro gehen, wenn nicht Freitag ist?« Und sie macht Lust auf etwas ganz Neues: »Meine langweilige Brille muss weg, und ich weiß auch schon, wie die neue aussehen soll!« Die klar definierte Human Brand macht es möglich, den eigenen Stil genauso wiedererkennbar zu gestalten wie die Lieblingsmarken im Supermarkt. Bei der Schokolade wie beim Menschen geht es dabei um die Verpackung. Sie macht die Marke, den Kern, das Innere erlebbar, greifbar, einschätzbar. Darauf folgt im besten Fall das Habenwollen – oder die klare Ablehnung. Aber bitte nicht »Das ist mir wurscht«.

Wenn vieles von dem noch fehlt, das den Menschen zu etwas ganz Besonderem macht, ist er noch zu austauschbar. Dann mangelt es noch an dieser mit allen Sinnen spürbaren Hingabe, an dieser brennenden Leidenschaft für etwas, ohne das er partout nicht leben möchte; an dem, wie er ist und was er lebt; an dem spürbaren Mut zu etwas unverwechselbar Großartigem. Wer aber dieses Große schon lebt, nach innen wie nach außen, ist auch für alle um ihn herum dieser einzigartige Mensch unter sieben Milliarden. Dann kriegt er die ausgeschriebene Stelle unbedingt oder er kriegt sie ganz entschieden nicht. So oder so, auf beiden Seiten wissen die Menschen dann, was sie voneinander halten dürfen; ganz klar und ganz verlässlich. Dann fragt man gerade diesen Menschen um Rat (oder ihn gerade nicht), und genauso ist es mit Unterstützung, Platz anbieten, Smalltalk und mit den Geschichten, die man über ihn erzählt. Die sind dann auch entweder richtig gut oder richtig scheiße. Und im ungünstigen Fall sind sie zumindest deshalb gut, weil auch sie für eine klare Meinung stehen: Immerhin erzählt man sich etwas über ihn und er ist nicht gleichgültig. Falls doch, mangelt es noch an seiner »Herausstellung« und an seinem griffigen »Gesellschaftsbeitrag«, um die Definition dieser beiden ausschlaggebenden Begriffe der Positionierung wird in der Folge noch näher eingegangen.

Ein Mensch ist kein Handy und er ist auch kein Früchtemüsli. Er hat kein Logo und keinen Slogan. Eine unverwechselbare Erscheinung wird bei ihm nicht durch den Zusatz von Q10 (schließlich ist er auch keine Anti-Aging-Creme) oder von links- oder sogar rechtsdrehender Milchsäure (schon gar nicht ist er ein Joghurtdrink) ausgewiesen. Stattdessen positioniert er sich mit Herz, Bauch, Hirn und Seele. Mit dieser umfangreichen Ausstattung an Handwerkszeug kann man sich genauso von anderen abheben wie ein erfolgreiches Unternehmen oder ein erfolgreiches Produkt. Und dabei ruhig auch polarisieren. Besonders gut: Im Gegensatz zum Schokoriegel, der passiv darauf warten muss, dass sein Hersteller ihn zur Marke macht und er damit die beste Voraussetzung für den Erfolg im Regal neben all den anderen Schokoriegeln hat, kann der Mensch sich ganz aktiv branden. Dann bekommen, neben den echten Fans, auch die klaren Ablehner was zu tun. Die Faustregel: Solange viele Mitmenschen einen als »ganz nett« (das ist der kleine Bruder von »scheiße«) empfinden, ist das ein Indiz dafür, dass man noch nicht genug polarisiert und damit keine starke Marke, sondern bestenfalls ein schlaffes Märkchen ist.

Ihre Marke ebnet den Weg zum Leben Ihrer wahren Wahl. Und das in all Ihren Lebensbereichen. Von ihr geht alles aus, was in Zukunft geschieht; für das, was Sie ganz bewusst anpacken, und das, was Sie genauso bewusst weglassen. Denn nur wer weiß, wie er wirken will, kann mitbestimmen und sogar steuern, was hinter seinem Rücken über ihn erzählt wird. Dafür, dass die eigene Persönlichkeit – mit dem Marketing – erfolgreich nach außen getragen wird, gibt es unterschiedlichste Bühnen, im wahren Leben genauso wie online, ganz unsortiert zum Beispiel: Sportverein, Meeting, Betriebssport, Social Media (Facebook, Twitter etc.), Parteiarbeit, Kaffeeküche, Essenseinladungen, karitatives

*Abbildung 1: Der Human-Branding-Eisberg: Die
kräftige, unsichtbare Marke bildet die Grundlage
für viel sichtbares, spürbares, wirkungsvol-
les Marketing, auch mit Kleidung und Stil.*

Engagement, Hobby, Kantine, Betriebsrat, Nachbarschafts-
hilfe ... Und es gibt unterschiedlichste Maßnahmen dafür,
seine Marken-Persönlichkeit auf diesen Bühnen zu entfalten,
sie an die Oberfläche zu bringen. Es ist wie beim Eisberg:
Der viel größere, nicht sichtbare Teil liegt unterhalb der
Wasserlinie – die Marke. Er ist die Basis für den weit kleineren, sichtbaren Teil, der auf der Marke fußt – das Marketing.
    Besonders wesentlich beim Erlebbarmachen seiner
Marke ist der berühmte erste Eindruck. Denn für den kriegt
man, wie es immer und überall zu Recht heißt, keine zweite Chance. Der erste Eindruck ist das, was man von einem

Menschen während der ersten Momente einer Begegnung mit allen Sinnen wahrnimmt. Dafür gibt es drei Faktoren:

Die Körpersprache spielt eine große Rolle. Sie besteht aus der Mimik, also sowohl den (un)bewussten Regungen der Gesichtsmuskeln, von der hochgezogenen Augenbraue über die heruntergezogenen Mundwinkel bis zum zarten Lächeln und der brutalen Grimasse, und aus der Gestik, den Bewegungen der Gliedmaßen, des Kopfes und des ganzen Körpers schlechthin. Alle nonverbalen Botschaften, die auf diese Arten und Weisen ausgesandt werden, sind Kommunikation. Sie wirken alle, in welche Richtung auch immer, getreu dem berühmten Satz des österreichischen Kommunikationswissenschaftlers und Therapeuten Paul Watzlawick, dass man nicht nicht kommunizieren kann.

Außerdem ist es das, was der Mensch sagt. Verbale Kommunikation wirkt, sobald er den Mund aufmacht. Dann prägt sie den ersten Eindruck ganz entscheidend mit und spielt im Verlauf einer Begegnung – je mehr der Mensch von sich gibt, ganz nüchtern auf die Fakten reduziert oder in packende, unwiderstehlich anziehende oder fürchterlich abstoßende Geschichten verpackt – eine immer größere Rolle.

Zum Dritten gibt es die Verpackung. Beim Auto ist sie das Design und bei der Schokolade das Papier mit der leckeren Abbildung und dem geprägten Schriftzug, über den die Finger vorfreudig beim Warten an der Kasse streichen. Sie ist aber noch viel mehr: der Werbespot, die Zeitungsanzeige, die Website, die Anzeigen im Internet, das Regal an der Kasse, die begehrliche Produktinszenierung im Autohaus ... All das ist Marketing, Werbung, und damit bewirbt sich das Produkt um die Gunst des Käufers und Konsumenten. Begehre mich! Kauf mich! Benutze mich! Kauf und benutze mich dein ganzes Leben lang!

Was ist die Verpackung des Menschen, also das, was seinen Stil prägt und sich als Bild ganz schnell in Kopf und Herz seines Gegenübers einbrennt und damit sein Image bildet? Es sind, ganz wahllos aufgezählt, zum Beispiel: Schuhe, Krawatte, Hemd, Hose, Jacke, Bluse, Kleid, Mütze, Hut, Mantel, Halstuch, Manschettenknöpfe etc. Kleidungsstücke sind nicht bloß dazu da, dass der Mensch nicht frieren muss. Vielmehr prägen sie darüber hinaus entscheidend mit, was er ausdrückt, was er darstellt, wie er eingeschätzt wird. Dazu kommen dann noch Äußerlichkeiten wie Brille, Lippenstift und Lidschatten, Make-up, Frisur und Fingernägel und all das zusammen hat einen großen Anteil daran, ob der erste Ausdruck entweder ganz formidabel oder ganz grottenhaft ist. Ein ausladender Hut mit Federboa hat eine ganz klare Aussage, genauso wie die Schiebermütze aus *Emil und die Detektive*, nur eben eine ganz andere. Das feuerrote Kleid unterstreicht die ebenholzschwarzen Haare ganz anders als der grob gewirkte dunkelgraue Hosenanzug. Oftmals geht es dabei gar nicht um besser oder schlechter, aber immer geht es darum, dass die Persönlichkeit auf die eine Art so und auf die andere Art ganz anders rüberkommt.

Auch Kleider und Accessoires können eben nicht nicht kommunizieren. Es geht immer um die Wirkung. Sie führt dazu, dass der andere aufmerkt und eine Meinung entwickelt: Klasse, dem gebe ich eine Chance, dem höre ich zu, dem schenke ich mein Vorschussvertrauen! Oder genau das Gegenteil: Wie sieht der denn aus, das geht ja gar nicht, den will ich lieber jetzt als später von hinten sehen, und zwar wenn er zur Tür wieder rausgeht! Beides ist gut und beides ist viel besser, als wenn einen alle ganz nett finden und es ihnen mehr oder minder gleichgültig ist, was man macht und ob man mit von der Partie ist oder nicht.

Die Verpackung des Menschen unterstreicht idealerweise seine Marken-Persönlichkeit, bringt sie auf den Punkt, kehrt den Kern nach außen. Dafür, dass das so ist, können Sie auch viel tun – erst Ihre Marke entwickeln, sie dann sauber herunterbrechen und interpretieren, dann spüren, was das im Hinblick auf Ihren Stil und Ihr Outfit bedeutet, dann einkaufen gehen; und schließlich, schon allein dadurch, ganz der Alte und doch irgendwie ein ganz neuer Mensch sein. Ganz so einfach ist das nicht, aber auch nicht allzu schwierig, wenn man erst mal weiß, was man will und wofür man steht, wenn man seine Human Brand definiert hat und dann gerüstet ist dafür, sie – auch und gerade durch seinen Stil und sein Outfit – für alle Menschen um einen herum erlebbar und nachvollziehbar zu machen.

Wenn die Tür aufgeht und ein an sich stattlicher Mann kommt rein, aber seine Schultern hängen herunter und an diesen Schultern hängt ein viel zu großer knittriger Mantel, so knittrig wie der ganze Kerl ... Ist ihm bewusst, welchen ersten Eindruck er erweckt? Dabei könnte er mit geringem Aufwand gut aussehen und sich dadurch einige Ressentiments ersparen! Und wenn es ein richtig glamouröser Anlass ist und in der Einladung »Kleidung: festlich« stand, und dann kommt dieser Typ rein, zwar mit Sakko, aber in Jeans und mit nicht ganz so gut geputzten Schuhen ... Will der cool sein, ist es aber nicht wirklich? Will er sein Gesicht in der Menge derart positionieren, dass wir ihn zwar wahrnehmen, uns aber fremdschämen für ihn? Diesen Aufzug muss man sich schon leisten können! Wenn eine Frau ganz zart erscheint, wunderbar wohltuend im Grunde, aber sowohl von der Schminke als auch von der Klamotte wirkt wie ein Feuermelder ... Warum macht die das? Die könnte doch ihre Persönlichkeit genauso zart und umso wirkungsvoller unterstreichen, ganz nach dem Motto »Leise Menschen, starke Wirkung«! Viele Leute treten auf, wie sie halt sind und wie sie schon immer waren, und sie haben sich über ihre Wirkung noch keinerlei Gedanken gemacht. Andere überschätzen sich schlichtweg, dann denken sie zum Beispiel, dass sie ein feuriger Feger sind und das unbedingt und unmissverständlich unterstreichen sollten. Was für ein schiefes Bild von sich selbst! Und wieder andere unterschätzen sich, stellen ihr Licht unter den Scheffel, haben auch ein unrealistisches Selbstbild, nur andersherum, und gehen immerzu in Sack und Asche. Wie schade.

Wie erklärt es sich, dass ein an sich versierter Angestellter ständig übergangen wird? Im Büro trägt er seit zehn Jahren denselben Anzug, der nicht richtig sitzt und dessen Farbe seine Haut so schal und ungesund aussehen lässt. Am Geld für neue Kleidung kann es nicht liegen, schließlich verdient sein Kollege das gleiche, aber der wirkt in der Bluejeans und dem locker geschnittenen Hemd (jawohl, es geht durchaus auch ohne Anzug) stets aufgeräumt und frisch und wird häufig bei Fragen zurate gezogen. Was er wohl für einen Markenkern hat? Welche Markenwerte machen ihn greifbar, welche Herausstellung hat er und welchen Beitrag leistet er dazu, dass es der Gesellschaft ein bisschen besser geht? Wir haben eine Ahnung, sogar etwas mehr als das; bei ihm spürt man es gleich: Er ist der Mensch, der er ist und der er vor allem auch sein will. Sein Äußeres transportiert, verkörpert, übersetzt sein Inneres. Da passt alles zusammen! Sein Zimmernachbar hingegen kann sich und seine Kompetenz schon allein aufgrund seines Auftretens nicht im Bewusstsein der anderen positionieren.

Auf dem Weg zum Erfolg, vom Märkchen zur Marke, sorgen Echtheit und Ehrlichkeit für einen Vertrauensvorschuss, den jeder für sich nutzen kann. Dann halten die Qualitäten auch das, was die Verpackung verspricht. Dann erfüllen sich die Erwartungen, werden sie sogar übertroffen. Dann hat man es hier mit einer wahren Human Brand zu tun.

Aber es geht natürlich auch andersherum: Es kann sein, dass sich der Kollege im schlecht sitzenden Anzug nach dem Überwinden der ersten Hürde – »Soll ich mich mal auf den einlassen?« – als überaus gebildeter, gewiefter, hochinteressanter und witziger Gesprächspartner entpuppt. Wäre es da nicht schön, wenn man das eine wie das andere gleich auf den ersten Blick und nicht erst auf den zweiten erkennen könnte? Und vor allem: Wäre es für den Herrn nicht auch viel schöner und viel einfacher im Leben seiner Wahl, wenn alle um ihn herum ihn sofort so wahrnehmen könnten, inklusive seiner so unverwechselbaren wie anziehungskräftigen Qualitäten und Talente? So, wie er in seinem Inneren tatsächlich ist?

Um selbst auch in absehbarer Zeit dieses begehrenswerte Leben der eigenen Wahl leben zu können und genau das auch auszustrahlen, sollten Sie zunächst einmal klar und eindeutig erkennen, wer Sie sind, wie Sie sind und wofür Sie stehen. Und wer Sie sein wollen, wie Sie sein wollen und wofür Sie stehen möchten. Dann wird auch deutlicher, was dafür geschehen muss, dass das wahr wird; erst für Sie selbst, dann für die anderen. Ihre Ziele werden greifbar und klar, und die Maßnahmen, die es braucht, um sie zu erreichen, ganz genauso: Worin werden Sie die begrenzt verfügbaren Ressourcen Zeit, Herzblut, Kraft, Schweiß, Nerven, Tränen und Geld investieren? Human Branding macht es klar; als der Anfang von allem, was in Zukunft geschieht – und für alles, was nicht geschehen soll. Das ist die Basis dafür, dass Ihr Leben einen Sinn hat und Sinn macht, immer mehr.

Dafür, dass dieses Ziel erreichbar wird, gibt es so effektive wie effiziente Werkzeuge aus der Markentechnik, mit denen Unternehmen und Produkte positioniert werden. Besonders nützlich dabei sind ein Trichter, ein Dreieck und ein Ei. Markenexperten verwenden sie seit Jahren und angepasst an die Bedürfnisse des Menschen sind sie wunderbar dazu geeignet, auch Ihre Marke so griffig wie greifbar zu entwickeln.

Bevor auch Sie mit diesem Prozess loslegen, muss klar sein, dass

◉ Ihre Marken-Persönlichkeit für die Zukunft und nicht für die Gegenwart entwickelt wird. Es handelt sich um das Soll-Profil (und nicht um das Ist-Profil, weil das, logisch, morgen schon von gestern ist),

- dieses Soll-Profil beschreibt, wie Sie in Zukunft sein wollen (hier spricht man vom Selbstbild), und gleichzeitig festlegt, wie Sie dann von Ihren Mitmenschen wahrgenommen werden wollen (das Fremdbild),
- Ihre Human Brand so überlegt und abgewogen erst entstehen und dann gelebt werden sollte, dass sie – genau wie die Marken erfolgreicher Unternehmen und Produkte – mindestens zehn Jahre, besser ein ganzes Markenleben lang, die Grundlage für alles ist, was Sie tun; und, vor allem, für alles, was Sie sein lassen. Diese Kraft muss sie schon haben, sonst lohnt die Mühe nicht,
- es nach der Entwicklung der Marke Zeit braucht, um sie zu leben und für andere erlebbar werden zu lassen. Dann wird aus der Marke das Marketing. Gut ist ein Zeitraum von ein bis zwei Jahren, bis sie in all Ihre Lebensbereiche – beruflich, privat und in der Freizeit – Einzug gehalten hat. Das ist dann nicht zu schnell (wie bei Wein und Käse: Gutes braucht Zeit zu reifen) und nicht zu langsam, sodass Ihnen Geduld und Puste nicht ausgehen.

Kurze Rede, langer Sinn: Ausgehend von der heutigen Ist-Situation wird die Soll-Marken-Persönlichkeit für morgen entwickelt. Die Leitfragen dafür sind:
- Was treibt mich an?
- Wofür stehe ich?
- Wie bin ich in ein, zwei Jahren positioniert?
- Was macht mich dann besonders?
- Wie bin ich dann wahrnehmbar?
- Was spüren dann meine Mitmenschen von mir?

Aus den Unterschieden zwischen Ist und Soll ergibt sich sehr klar, wo die Lücken zwischen Heute und Morgen sind. Und damit, wo ganz konkret anzusetzen ist mit den unterschiedlichsten (Marketing-)Maßnahmen, die auf Ihre Marke einzahlen. Dazu gehören ganz besonders auch die Neu- bzw. Weiterentwicklung Ihres Stils und sein Ausdruck durch die entsprechende Kleidung und die passenden Accessoires. Auch das sorgt dafür, dass Sie in Zukunft nicht nur vielleicht eine Marke sind, sondern ganz bestimmt. Und was für eine: genau die, die Ihr Leben konturiert und die diese Zuspitzung klar für alle anderen formuliert, damit Sie sie auch genau so wahrnehmen. Ihre Marke lebt.

Am besten machen Sie sich für Ihr Marketing einen Plan mit klaren erreichbaren Zielen und ebenso klaren umsetzbaren Maßnahmen, mit denen Sie die Ziele auch erreichen. Dieser Plan wird dann fortwährend justiert, und weil Sie ihn schriftlich machen, können Sie sich in Zukunft nicht mehr – wie der erste deutsche Bundeskanzler Konrad Adenauer – vor sich selbst wie vor allen anderen mit »Was schert mich mein Geschwätz von gestern« sehr preiswert aus der Affäre ziehen.

2. WAS DIE HUMAN
BRAND LEISTET

Es ist wie die erste Einladung zu einem Bewerbungsgespräch bei der langwierigen Jobsuche: Etliche Angebote klingen super interessant; 20, 30, 40 Bewerbungen sind verschickt und die potenziellen Arbeitgeber der ersten Wahl melden und melden sich einfach nicht. Die Gedankenspirale fängt an sich zu drehen, die typischen Bedenken wabern: Bekomme ich überhaupt jemals noch einen Job? Was ist, wenn auch die nächsten Bewerbungen im Sande verlaufen? Wer bin ich überhaupt? Kann ich überhaupt was? Was denn?

Dann, endlich, die Zusage für ein erstes Kennenlernen. Natürlich will man genau dann alles doppelt richtig machen. Und auf geht's in das nächste Modehaus des Vertrauens. Mithilfe der mehr oder auch minder kompetenten Beratung der Styling-Fachkräfte vor den Kabinen und den Spiegeln werden unterschiedlichste Outfits herbeigeschafft: Der schwarze Hosenanzug, der samtblaue Anzug, das dezent kunterbunte Streifenhemd, das beigefarbene Businesskleid, die schlichte Hose mit der weißen Bluse … Bald ertrinkt man in Kleiderhaufen, die Etiketten und die Bügel fliegen durch die Gegend, irgendwann sind irgendwie nur noch Blusen mit abstrusen Kragenweiten greifbar, dramatisch kurze Hosen und gefährlich enge Kleider. Der Kopf wird immer röter und man versucht mit vorletzter Energie, der Fachkraft dieses Ladens zu erklären, dass man doch eigentlich was ganz anderes sucht – etwas, das die Persönlichkeit unterstreicht, die Stärken betont, so entschlossen im Ausdruck ist wie man selbst; nicht farblos, auch nicht aufdringlich, nicht unterwürfig und nicht effekthascherisch. Genau dazwischen eben, pointiert und gerade recht. Ach ja: Es soll auch die verhassten Schwächen kaschieren und, natürlich, Kompetenz, Seriosität und Souveränität ausstrahlen. Mit diesem einen gerade rechten Hauch von Witz, Charme und Klasse.

Ziemlich viel, was da von einem Stück in Form gebrachten Stoff mit ein paar Knöpfen dran verlangt wird. Und ziemlich ungut das Gefühl, das sich im Magen ausbreitet: Das schaffe ich nie! Wer holt mich jetzt hier raus? Die Selbstwahrnehmung langt bei gefühlt null an. Wer bin ich und wofür soll das alles eigentlich gut sein?

Also von vorn: Was passt zu meiner Persönlichkeit und worin fühle ich mich wirklich wohl? Was lässt mich auch so wirken und unterstreicht meine ganz eigene individuelle Erscheinung? Vielleicht sollte ich vor lauter Auswahl lieber gleich zu Hause bleiben und die liebe Fashion-Göttin eine gute Frau sein lassen. All diese großen Überlegungen (schwarz oder weiß, lang oder kurz, groß oder klein, kleines oder großes Karo), all diese Hin und Hers, Mittel und Maßnahmen ... Wenn ich bloß wüsste, welche Grundlage ich für das alles habe, auf der ich entscheiden kann, was richtig und was falsch und was optimal ist, genau für mich. Wenn ich bloß schon eine Marken-Persönlichkeit wäre! Die Marke gibt Anleitung, Halt und Kraft. Sie sorgt dafür, dass man die richtigen Mittel und Wege und Dinge auswählt, die Kleider und den Schmuck für das Vorstellungsgespräch genau wie alles andere für die vielen anderen Ziele auch. Und sie sorgt dafür, dass man, auf dem Weg zu welchem Ziel auch immer, nicht nach zwei Drittel der Wegstrecke umkehrt, zurück nach Hause, und das Bewerbungsgespräch, das mal so wichtig war, sausen lässt. Dass man nichts vergisst. Dass man die Kraft dafür mobilisiert, den ganzen Weg zu gehen und das kleine genauso wie das große Ziel auch zu erreichen.

Im großen Ganzen, im Leben an sich, ist es genauso: Da hat auch jeder seine Vorstellungen. Die Ziele, berufliche wie private, wabern mehr oder minder klar am Horizont herum. Es gibt gewisse Rahmenbedingungen für das alles. Und es gibt unzählige Mittel, die Ziele zu erreichen. Aber welche sind die richtigen? Für viele Menschen ist eine Jacke dazu da, zu wärmen. Das wars. Und das Leben sehen viele ganz genauso. Hält auch warm, ist gemütlich, man kann sich wohlig drin einrichten. Aber was lebt da drin in diesem Leben und wofür?

Mit Human Branding finden Sie heraus, was da lebt und damit gelebt gehört. Und Sie lernen, wie Sie schaffen, es zu leben. Ihre Marke gibt Sicherheit, wenn man sich wünscht, immer noch ein bisschen besser zu werden, mehr zu erreichen, weiterzukommen. Mit ihrer Hilfe wird klar, welche Angebote auf dem großen bunten Markt da draußen die richtigen und die besten sind. Vor lauter sinnvollen Angeboten und noch viel mehr schön verpacktem Quatsch im Wald des zukünftigen Lebens sieht man die Bäume nicht mehr. Vor lauter Panik im Kopf werden die Leute Trainer oder Coach, das entspricht dem Zeitgeist, dabei sind sie als Heilpraktiker, Chiropraktiker oder Weinhändler viel engagierter und spürbarer unterwegs; oder umgekehrt. Sie geben sich ab mit neurolinguistischer Programmierung, haben für alles und jedes einen Berater, lernen noch ein, zwei halbe Fremdsprachen, verstopfen die Volkshochschulen und merken irgendwann, dass sie nicht leben, sondern gelebt werden. Wie schade, und irgendwann ist es dann zu spät.

Sicher ist es für viele Menschen sinnvoll, sich auch in Sachen Stil beraten zu lassen; für viele andere aber nicht. Alle haben ihre ganz eigene Vorstellung davon, wie sie sich präsentieren wollen, ihre Marke zur Geltung kommen soll. Vor allem möchten sie, dass ihre Persönlichkeit ganz klar und eindeutig erkennbar ist. Da kommt man dann, als Pinguin der Straße, mit dem klassischen schwarzen Anzug und dem

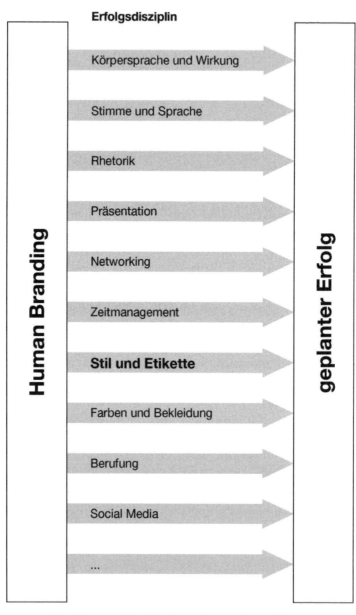

Abbildung 2: Erfolgsdisziplinen; Basis Human
Branding: Neben Stil und Outfit gibt es viele weitere Erfolgsdisziplinen für Ihr Marketing.

weißen Oberhemd nicht weit. Dürfen es dazu eine grüne Krawatte und ein grün-rotes Einstecktuch sein? Selbst wenn das Sakko dann immer noch nicht den leichten Bauchansatz kaschiert, wird dem Gegenüber doch die so schön auf den Menschen und den Anzug abgestimmte Kombination der Accessoires in Erinnerung bleiben. Sollte man das kleine Schwarze wählen, weil es jede trägt? Oder entspricht das nicht der eigenen Human Brand? Entscheiden muss es jeder für sich allein, und das ist bei dem Überangebot an Materialien, Stoffen, Schnitten, Formen und Farben schwierig. Gerade in unsicheren Zeiten wird man manchmal selbst genauso unsicher, auch weil noch die fortwährenden wohlmeinenden Ratschläge der buckligen Verwandtschaft und der lieben Freunde dazukommen, die alle immer auch noch eine gute Idee haben, wie wir die PS des Lebens noch ein bisschen besser auf die Straße des Lebens bringen.

Wenn wir einen Menschen erleben, ihn einschätzen, auf uns wirken lassen, uns überlegen, ob er uns sympathisch oder unsympathisch ist, wirkt alles zusammen: Kleidung, Stimme, Mimik und Gestik, Worte, Gerüche ... Ausschlaggebend ist, dass wir einen Menschen – sogar beim Online-Dating und auf den Social-Media-Plattformen – immer aufgrund des ersten Eindrucks einschätzen. Was geschieht also, wenn jemand auf der Siebzigerjahre-Revival-Party im Hummelkostüm aufkreuzt? O. k., eine Reminiszenz an die goldenen Jahre der Biene Maja, aber dann haben bestimmt alle was zu lachen, außer der Hummel. Oder aber es war voller Absicht, Afro-Perücke und Glitterhosen kann ja jeder ... Echte Marken dürfen provozieren, aus dem Rahmen fallen, anders sein als alle anderen. Sie werden nicht ausgelacht – sie lachen mit. Und sie kriegen eine zweite Chance für den ersten Eindruck, wenn die Mottosause vorbei ist und das richtige Leben weitergeht.

Weil Beruf und Privatleben immer weniger voneinander abgegrenzt sind, schwindet auch der Unterschied zwischen der privaten und der beruflichen Rolle. Das ist gut so, da müssen sich die Menschen weniger verstellen, vor sich selbst und vor anderen. Immer noch definiert man sich besonders gern über den Beruf und reduziert alles Streben auf das Rationale – Karriere machen, mehr Geld verdienen, ein größeres Haus bauen, weiter verreisen ... In einem kapitalistischen Gesellschaftssystem wie dem unseren sind das alles legitime Ziele. Jedoch geht es bei Human Branding und dem Herausfinden und Verfolgen des wahren Antriebs um viel mehr als bloß um Flugmeilen und Leasingraten. Es geht um das Herz und den Bauch und damit vor allem um die emotionale Zufriedenheit. Besonders sie wird von der Marke bestimmt und gefestigt, und das Marketing macht sie spürbar. Dann ist der Mensch mehr als nur im Trend. Er ist angekommen und Teil der Bewegung, die dauerhaft Schluss machen wird mit dem Wettbewerb der Neunziger- und Nullerjahre: schneller (fahren), höher (bauen), weiter (kommen).

3. MEINE HUMAN BRAND: DREI WERKZEUGE

Markentrichter

Mit dem Markentrichter kommt das ganze Leben auf den Prüfstand: Oben kommt alles rein, was man macht und tut, das ganze liebe lange Jahr. Alles, im Beruf genauso wie für die Fitness und als Hobby, was Urlaub und Lesen und Theater und Kino angeht, für die finanzielle Vorsorge, bei Ernährung und Gesundheit und die ganzen Pläne und Ziele, die realen genauso wie die (noch) unerreichbaren. Und auch das kommt rein, was man gern tun würde, aber nicht tut, weil das Jahr immer so kurz ist; weil einfach kein Platz und keine Zeit dafür ist, weil Druck, Mut und Traute fehlen. Aber sie geistern immer in den Gedanken, im Herzen und im Kopf herum.

Wenn nach der dunklen Jahreszeit die ersten Sonnenstrahlen durch die grauen Wolken brechen und die Cafés die Terrassenmöbel aufstellen, kriegt man Lust auf neue Garderobe. Diese tollen, neuen, bunten Farben, diese fließenden Stoffe und die topmodernen luftigen Schnitte in den Schaufenstern machen Appetit auf mehr, auf genau dieses eine neue Teil, darauf, sich der neuen Jahreszeit gemäß zu kleiden, den inneren Frühling nach außen zu kehren. Soweit das Kopfkino, während man verträumt durch die erwachende und erblühende Innenstadt schlendert. Dann der ehrliche

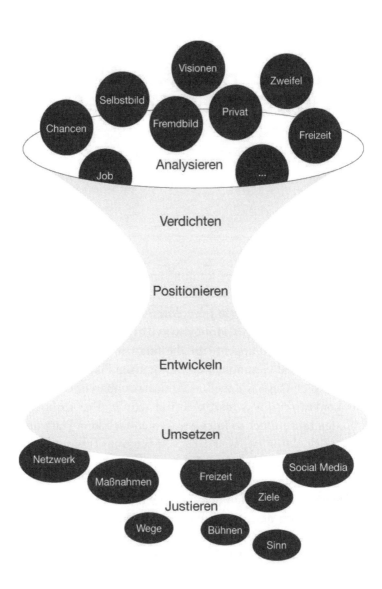

Abbildung 3: Markentrichter Human Branding; Der Human-Branding-Trichter konzentriert das Leben auf den einen Kern, als Ausgangspunkt für alles.

Blick in den Kleiderschrank: Da hängen schon ganz viele tolle, bunte Teile mit fließenden Stoffen und – nicht mehr ganz so – topmodernen Schnitten. Schließlich wurde es die letzten Jahre auch immer mal Frühling, und dann hatten die Teile unbedingt hergemusst. Im perfekt ausgeleuchteten und ausstaffierten Schaufenster sah das Zeug immer ganz besonders fantastisch aus. Aber zu Hause dann, na ja. Also lieber doch nicht mit dieser babyblauen Hippiebluse, noch nagelneu, unter die Leute. Und was dachte ich mir eigentlich bei dieser karierten Krawatte, zu der der klassische schwarze Anzug mit dem weißen Hemd so clownesk aussieht? Was hat mich geritten, was hat mich geleitet, wer hat mich verführt zu diesen grandiosen Fehlkäufen? Ich. Dafür fährt mancher 100 Kilometer ins Outlet-Center, wo es dann die Sachen gibt, die es in der Innenstadt auch gibt. Und Sale ist sowieso immer. Inklusive bei solchen Reisen ist stets der Stress bei der Parkplatzsuche, außerdem das Schlangestehen mit den anderen 50.000 Selbstverwirklichern, bei denen ebenfalls der Frühling ausgebrochen ist. Das Wochenende ist perdu und man fragt sich, weshalb man da trotz alledem immer wieder aufs Neue mitspielt.

Was könnte Sie dazu anleiten, nicht irgendwas zu tun, irgendwas zu kaufen, was Ihnen gerade in den Sinn kommt und stattdessen die Sicherheit zu entwickeln, die Entscheidungen mehr selbst- und weniger fremdbestimmt zu treffen und dabei langfristig mehr richtig zu machen? Es ist das, was im Markentrichter sinnbildlich stattfindet: Ihre Positionierung für Ihr zukünftiges Leben. Sie reduziert das Mehr auf weniger und sorgt dafür, dass dieses Weniger mehr ist, in dem Sinne, in dem es Ihnen guttut und Sie erfüllt. Sie macht Mut, alte Zöpfe abzuschneiden und das anzugehen, was genau Sie ausmacht und genau Sie brauchen, wie genau Sie leben wollen. Und zwar in allen Lebenslagen, schließlich läuft es da vielfach auch nicht besser als im Kleiderschrank. Da macht man auch viel, weil man das eben so macht: Das

Fitnessstudio bucht die Gebühr für das »All-Inclusive-Fit-And-Well«-Paket in bequemen Monatsraten ab. Seit Jahren, immer pünktlich. Aber wer da abbucht, das weiß man nicht genau. Wie auch, die Beziehung zur Fitness ist eine auf die Ferne. Aber kündigen? Nein, schließlich ist, »Klar gehe ich auch trainieren, meinen Sport brauche ich als Ausgleich!« sagen zu können, ganz besonders wichtig. Vielleicht könnte man ja das Auto loswerden? Steht nur rum, sifft zusehends ein und die Scheibenwischer wandern immer weiter weg von der Scheibe, weil die Politessen immer mehr drunterklemmen. Aber passt es zum Selbstbild des kosmopoliten endmobilen Gesellschaftsteilnehmers, kein Auto zu haben? Im Grunde reift seit Jahren ein ganz anderer Wunsch: In die Innenstadt umzuziehen, endlich raus aus dem großen Haus. Das macht nur Arbeit, so schön die riesigen Flure und der große Garten auch sind. Aber was sollen die Kollegen denken, die Freunde, die zum Essen kommen, vor allem die Nachbarn? Nicht dass die noch denken, man wäre klamm. Wäre echt tragisch, müsste man tatsächlich in diese oberhübsche, zentral gelegene Wohnung mit den hohen Räumen, der guten Anbindung und dem vielfältigen kulturellen Angebot rundherum umziehen.

Aber eigentlich … Man könnte mal, ich hätte gern, wenn ich wäre, würde ich. Das ist die Eigentlich-Hätte-Könnte-Würde-Man-Abteilung im Kaufhaus des Lebens. Da gibt es das, was man alles nicht tut, obwohl man im Grunde tief in sich dafür brennt, davon träumt, dafür ganz viel aufgeben würde. Wenn meine Tante Eier hätte, wäre sie mein Onkel! Und »Leiden ist leichter als Handeln«, sagen die weisen alten Freunde. Klar ist: Worte mit ü, ö und ä sind nicht geeignet dafür, dem Leben der eigenen Wahl näherzukommen. »Ich habe, kann und mach es« zu sagen und auch dementsprechend zu agieren, wirkt hingegen viel konkreter und geplanter.

Alles aus Beruf, Familie und Freizeit muss in den Trichter;

ganz oben ist genug Platz dafür. Dann wird er immer enger, macht ganz wenig aus ganz viel, verdichtet das Geschehende und das Nicht-Geschehende, das Seiende und das Gewollte an der engsten Stelle. An dieser Stelle, wo bei der Sanduhr nur ein einziges Sandkorn durchpasst, ist die Essenz, der Kern Ihrer Persönlichkeit – Ihr Markenkern, Ihr ultimativer Beitrag zur Gesellschaft. Darüber hinaus gibt es drei individuelle Markenwerte, die den Markenkern näher beschreiben, enger fassen, treffend auslegen und übersetzen. Zusammen bringen Kern und Werte im sogenannten Marken-Ei Ihr Leben auf den Punkt. (Wie Sie Ihren Kern und Ihre Werte finden, erfahren Sie im nächsten Kapitel.) Darin liegt der Schlüssel zu Ihrem nachhaltigen, individuellen, erfolgreichen und glücklichen (Marken-)Leben. Wenn der Trichter nach der Positionierungsarbeit wieder breiter wird, ergibt sich daraus der Rahmen für das Leben Ihrer Wahl. Jetzt kommen die Entwicklung und die Umsetzung, damit auch wahr wird, was da an der engsten Stelle steht. Die Konzentration auf Ihr Wesentliches bringt die Kraft, die es braucht, um Eingeschliffenes sein zu lassen und Ballast abzuwerfen und dafür dem, was wirklich zählt, endlich mehr Raum zu geben. In den kommenden ein bis zwei Jahren entsteht in diesem Rahmen das Bild von dem Leben, das Sie leben wollen. Und das ist wahr.

Wer die Essenz seiner Persönlichkeit kennt, kann sich endlich so geben, wie er ist. Er kann sich genau so kleiden, so auftreten. Er muss sich nicht verstecken, schon gar nicht verkleiden, und er kann sich ganz bewusst für die Kleidungsstücke und die Accessoires entscheiden, die seine Persönlichkeit wirksam unterstreichen und den Kern dessen, was ihn auszeichnet, ein Stückchen nach außen tragen. Das gibt nicht nur Sicherheit bei der Prägung des eigenen unverwechselbaren Stils, sondern vermeidet auch das Streben nach dem, was bei den anderen gut aussieht und sich dann doch bloß wieder als Fehlkauf entpuppt. Es sorgt dafür, dass

Knoten endlich gelöst werden (Fitnessstudio kündigen, Auto loswerden, Haus aufgeben) und es völlig unerheblich ist, was die anderen sagen. Und damit bestätigt sich, dass das Leben in der kleineren Wohnung mitten in der Stadt, mit täglichen Spaziergängen, Fahrradfahren und Carsharing genau das ist, was es sein soll: lebenswert in höchstem Maße.

Marken-Ei

Das Marken-Ei ist schon ziemlich betagt und ebenso bewährt. Es wurde im frühen 20. Jahrhundert in den USA entwickelt, um Unternehmen eine Daseinsberechtigung für ihr Tun zu geben. Das war die Zeit, als man begann, das Branding, das die Cowboys mit ihren Rindern erfunden hatten, auf Unternehmen anzuwenden. Jetzt war der Moment gekommen, in dem das Rind die Firma und das Brandzeichen das Logo war. Das Marken-Ei ist vielfach die Grundlage allen unternehmerischen Handelns, weil es die Firma so kompromisslos und unmissverständlich auf ihre Daseinsberechtigung reduziert: Welchen Nutzen hat sie, weshalb soll ich bei ihr kaufen, was bringt mir das? Viele große, international erfolgreiche Unternehmen haben ein Marken-Ei. Es heißt so wegen seiner Form und weil es, wie es sich für ein anständiges Ei gehört, Dotter und Eiweiß hat:

- Im Dotter steht der Markenkern, der ultimative Nutzen des Unternehmens in einem Wort. Hier entsteht das (Marken-)Leben.
- Im Eiweiß stehen die Markenwerte, die den Markenkern beschützen und ihm Nahrung geben dafür, sich gut zu entwickeln.

Beim Reisekonzern TUI heißt der Markenkern »Lächeln«: Mit allem, was die TUI tut, überall dort, wo wir sie erleben, will sie uns ein kleines oder auch ein großes Lächeln ins

Gesicht zaubern; wenn wir an das Unternehmen denken, mit ihm verreisen, davon hören und davon erzählen. TUI will sich damit vor allen Dingen auch von den Konkurrenten abgrenzen. Was ist das für ein Lächeln? Das manifestiert sich in den Markenwerten »Horizont erweitern«, »Leben genießen« und »Erwartungen übertreffen«. Alle Mitarbeiter müssen das Marken-Ei kennen und sie werden regelmäßig darin geschult, sich als Markenbotschafter so zu verhalten, dass sie es wahrmachen.

BMW hat einen auf den ersten Blick vergleichbaren, aber doch ganz anderen Markenkern: »Freude«. Alle Produkte, von den Autos über die Motorräder bis zu den Kindertretrollern, Reisen und Finanzierungsangeboten sollen Freude auslösen; wenn man sie sieht und fährt, wenn man mitfährt, sie bucht und benutzt. Und zwar in klarer Abgrenzung zu den Hauptkonkurrenten Mercedes (Sicherheit), Audi (Technik), Porsche (Sportlichkeit). Das ist ein hoher Anspruch, und deshalb schickt BMW seine Führungskräfte aus der ganzen Welt auf die »Brand Academy« in München, wo sie erfahren, was den Markenkern und die Markenwerte »Dynamik«, »Innovation« und »Ästhetik« ausmacht. Dieses Wissen und vor allen Dingen das entsprechende Gefühl nehmen sie dann mit in ihren Markt und ihre Abteilung, wo sie dafür sorgen, dass die Autos entsprechend entwickelt, vermarktet und verkauft werden. Und weil die beabsichtigte Freude bei BMW eine leisere, zurückhaltende ist, sponsert das Unternehmen beim Marketing ebensolche leiseren, unaufdringlichen Sportarten wie Tennis, Segeln und Reiten, aber keinen Extremsport (das tut Red Bull mit dem Markenkern »länger können«, und da passt es auch) und auch die Formel 1 nicht mehr (das hat sowieso nie zur Marke gepasst). Ob es funktioniert, entscheidet sich dann im Autohaus, wo man entweder 10.000 Euro mehr für sein Traumauto ausgibt als für einen im Grunde völlig vergleichbaren Volkswagen und sich darüber auch noch freut, oder eben nicht.

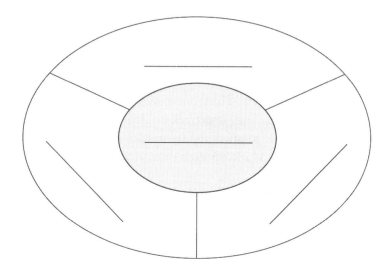

*Abbildung 4: Das Marken-Ei: die Markenwerte
im Eiweiß sind Nahrung für den Kern.*

Das Marken-Ei ist auch der Nukleus Ihrer Marke, die morgen wahr werden soll. Nur dass der Nutzen beim Menschen kein Nutzen (da klingt es eher despektierlich), sondern sein Beitrag zur Gesellschaft ist. In der Mitte steht genau ein Wort: Ihr Markenkern, Ihr Gesellschaftsbeitrag. (Er bringt auch die obere Ecke in Ihrem Markendreieck auf den Punkt.) Lautet er auch Lächeln oder Freude – oder vielmehr Genuss, Erfolg, Sinn, Wert, Ergebnis, Größe? Jedes Wort löst etwas völlig anderes aus. Was sollen wir in Zukunft empfinden, wenn wir Sie sehen, an Sie denken, Sie einladen, über Sie reden, uns mit Ihnen umgeben? Außen herum stehen Ihre Markenwerte. Das sind die drei Adjektive, die Ihren Markenkern näher fassen und übersetzen. Sie machen Ihre Positionierung schon ganz schön griffig. Es müssen keine schönen Worte sein, aber es müssen die treffendsten sein. Sie sind nur für Sie und sie sind der Grundstoff für die Äußerungen, die Sie in Zukunft tätigen – für die verbalen, die Sie sagen, genauso wie für die nonverbalen, die Sie ausstrahlen. Es gibt Millionen Möglichkeiten, aber nur eines plus drei Worte für Ihr persönliches Marken-Ei.

Am besten nähern Sie sich Ihrem Marken-Ei, wenn Sie sich zuallererst einmal überlegen, wie Sie heute eher sind und wie Sie eher nicht sind; und dann, wie Sie morgen eher mehr und eher weniger sein wollen. An welchen Fähigkeiten und Ausprägungen möchten Sie noch arbeiten? Machen Sie sich klar, was Sie in Zukunft ausmachen soll und was Sie der Gesellschaft und Ihren Mitmenschen geben wollen, und manifestieren Sie diese Werte in Ihrem Marken-Ei. Gegensätzliche Begriffspaare, die dafür infrage kommen, sind z.B.:

- Kreativ/Geplant
- Leidenschaftlich/Zurückhaltend
- Riskierend/Abwägend
- Wild/Ruhig
- Gnadenlos/Verständnisvoll
- Liebevoll/Kantig
- Familiär/Egozentrisch
- Kommunikativ/Leise
- Modern/Traditionell
- Antreibend/Laissez-faire
- Berührend/Cool
- G'spinnert/Beherrscht

Es ist wie beim Quartettspielen: Ein Wort sticht immer das andere, es ist einfach stärker. So nähern Sie sich einem Marken-Ei immer mehr an, das die Kraft für morgen hat.

Markendreieck

Neben dem Markentrichter mit dem Marken-Ei an seiner engsten Stelle macht das Markendreieck klar, worauf es ankommt: Wettbewerber, Herausstellung, Gesellschaftsbeitrag.

Markenecke 1, Herausstellung: Der von Markenfachleuten so bezeichnete »Unique Selling Point« (USP) steht für das Alleinstellungsmerkmal eines Produkts – seinen einzigartigen Vorteil im Vergleich zu den Produkten der Konkurrenz. Es ist dieses eine gewisse Etwas, das kein anderes Produkt hat, das z.B. einen Anzug von Boss in den Augen des Trägers unverwechselbar und zu etwas ganz Besonderem macht. Damit hebt es dieses Teil für ihn aus der grauen Masse

Abbildung 5: Markendreieck Human Branding; Das Human-Branding-Dreieck hilft bei der Positionierung von Produkten genauso wie bei Ihrer.

all der anderen Teile von all den anderen Marken heraus. Ganz besonders ist auch dieses edle Tweed-Jäckchen, das aus einem Material ist, das es früher nur in der Herrenmode gab und das jetzt auch für feine Damensachen und in zarten Farbtönen Verwendung findet. Es ist der knielange Rock, dessen Urmodell von Gabrielle Bonheur Chanel, besser bekannt als Coco Chanel, bereits 1925 kreiert wurde und der seither quasi eine eingebaute Alleinstellung hat. Beschränkt die sich hier auf den Stoff, die Qualität oder auf etwas ganz anderes – die unvergleichliche Geschichte etwa? Der Käufer, die Trägerin entscheidet. Und was hat der Brigg aus London, der Mercedes unter den Regenschirmen, was andere Regenschirme nicht haben? So ein edles Stück kostet gut und gern 1.000 Euro und verspricht dem Träger dafür, nicht nur trockenen Fußes nach Hause zu kommen, sondern dabei auch noch verdammt gut auszusehen, dass er sich fühlt wie Mary Poppins und mit diesem Brigg auf der Stelle auf und davon fliegen könnte, in die Sonne. Ist es nicht noch erstaunlicher, was Mercedes geschafft hat? Die sind derart gut positioniert, dass sie für schönste Vergleiche herhalten dürfen und die Aussage »Der Mercedes unter den Regenschirmen« bei jedem ein wohliges Gefühl auslöst.

Einen richtigen USP zu finden, ist das Schwierigste in Marke und Marketing überhaupt. Echte Alleinstellungen haben hier etwa der Reißverschluss (fügt zwei Teile eines Kleidungsstücks ohne Knopf und Knopfloch schnell, winddicht und dauerhaft zusammen), der Klettverschluss (hält bombenfest und geht dabei kinderleicht immer wieder auf und zu), das Rad (man kann damit schwere Sachen leicht vorwärtsbewegen), Tesa Powerstrips (kleben bombenfest und können rückstandsfrei wieder entfernt werden) oder die Büroklammer (hält Papierblätter zusammen und lässt sich problemlos und ohne Beschädigungen wieder abmachen). Beim Menschen ist es jedoch schwieriger als bei einem Produkt. Jede Wette, dass Sie es nicht schaffen werden. Wie sollten Sie auch? Schließlich können auch Sie vermutlich nichts, was nicht irgendein anderer Mensch auch kann. Okay, der Wundersprinter Usain Bolt ist der schnellste Mensch der Welt und hat damit eine echte Alleinstellung, aber worin sind Sie und die Menschen, die Sie kennen, wirklich der absolut Schnellste, Größte, Beste, Beliebteste? Bringen Sie lieber das auf den Punkt, was Sie von der Masse abhebt – und damit zwar nicht allein-, aber doch herausstellt. Es ist dieses eine ganz bestimmte Etwas, das sie besonders erkennbar und wahrnehmbar macht; in allen Lebensbereichen. Beim Human Branding heißt die Alleinstellung deshalb Herausstellung. Die hat jeder, und ganz bestimmt haben Sie auch eine. Schreiben Sie sie auf!

Markenecke 2, Wettbewerbsvorsprung: Bei dem Gedanken wird Ihnen bestimmt auch ganz heiß und kalt. Seit Wochen freuen Sie sich auf diesen einen Abend, und am Samstag ist es endlich so weit. Der Mensch Ihres Herzens, Ihr heimlicher Schwarm, feiert seinen Geburtstag. Das Beste daran ist, dass Sie eingeladen sind. In den letzten Tagen dreht sich alles um die entscheidende Frage: Was ziehe ich an? Welches Teil unterstreicht meine Schokoladenseiten und kaschiert ganz galant da, wo es etwas zu verstecken gibt? Bin ich in Schwarz vielleicht doch zu streng oder eher in Rot zu grell? Sie fällen Ihre Entscheidung, fühlen sich gut damit und ziehen am Abend der Abende los. Angekommen auf der Feier stellen Sie fest, dass da jemand das gleiche Outfit anhat wie Sie. Auf einmal ist Ihnen wieder glasklar, dass Sie überall im Leben Konkurrenten haben. Was ist, wenn dieser andere da auch gerade dabei ist, sein Herz an die Gastgeberin zu verschenken?

So ist es auch, wenn man im Supermarkt vorm Schokoladenregal steht, und alle Sorten sehen irgendwie gleich aus. Die gleiche Verpackung, die gleichen Schriftzüge, alle locken mit dem Gleichen und versuchen, einen von ihrer Qualität zu überzeugen: »Nimm mich, ich bin auch zart schmelzend!«, »Hierher zu mir, ich habe auch ganze Mandeln!«, »Komm mal rüber, ich habe den edelsten Kakao!« Und weil die meisten Produkte nicht eindeutig erkennbar, sondern vollkommen austauschbar sind, verschwinden neun von zehn bereits nach einem Jahr wieder aus dem Regal. Sie bieten einfach nichts, was die etablierten Konkurrenten nicht auch haben, und deshalb haben sie keinen Vorsprung. Es gibt keinen Grund, sie zu kaufen.

Bei den Menschen ist es genauso: Wir alle sind darauf programmiert, Erster zu sein und die zu schätzen, die Erster sind. Gut möglich, dass man weiß, wer den Minirock erfunden hat (Mary Quant). Sie war nicht nur Modedesignerin, sondern auf ihre Art und Weise auch eine Revolutionärin – und auf jeden Fall die Erste. Wer die zweite Version des Minirocks auf den Markt brachte? Unwichtig. Wer war eigentlich der zweite Mensch auf dem Mond (Edwin »Buzz« Aldrin)? Welche Mannschaft war bei der Fußball-Weltmeisterschaft 1974 Vize (Niederlande)? Erster sein liegt in unserer Natur. Im Beruf, wenn es um Umsatzziele und um die tolle intern ausgeschriebene Stelle geht. Und im Privatleben auch; hier vor allen Dingen dann, wenn wir verliebt sind und uns um die Gunst dieses ganz besonderen anderen Menschen bemühen: die schönste Krawatte umgebunden, das Hemd gebügelt und gestärkt, die Schuhe geputzt, das Haar penibel gestylt … Um Erster zu sein, muss man seine Konkurrenten (vulgo: Marktbegleiter, Mitbewerber, Mitbewunderer) gut einschätzen können. Man muss das Terrain hellwach beobachten und genauer hinspüren. Damit man schnell, sicher und treffend agieren kann, wenn sich auf der Feier der andere auch für genau dieses samtgrüne Sakko zur nachtblauen Jeans entschieden hat. Oder für genau dieses grüne Etuikleid aus genau diesem einen, eigentlich nur wahren Fashionistas bekannten Concept Store.

Die anderen legen überall die Messlatte vor, und wo es für Sie zählt, sollten Sie sie so geplant wie clever überspringen (und nicht einfach unten drunter durchlaufen; dann bleibt die Latte zwar liegen, aber Sie sind disqualifiziert). Es lohnt sich, seine Konkurrenten zu kennen; zu wissen, wer sie sind, was sie vorhaben und wie sie wohl vorgehen werden. Dann kommt jetzt das vorhersehbare Gewinnen: Sie fühlen sich wohl in den Sachen. Sie passen zu Ihnen wie angegossen, unterstreichen Ihre Marken-Persönlichkeit und sind heute Abend ein besonders wichtiger Teil Ihres Marketings. Wo es darum geht, mit dem Geburtstagskind einen ersten großen Schritt in eine gemeinsame Zukunft zu feiern; damit aus dem heimlichen Schwarm ein Herzenspartner fürs Leben werden kann. Dass da jemand das Gleiche anhat wie Sie – Pustekuchen, dieser Stil ist für Sie gemacht und nicht für den anderen! Man sieht es Ihnen an und spürt es, so wie Sie strahlen. Aus dem gefühlten wird das richtige Gewinnen und die Konkurrenz verliert, weil sie sich bloß angezogen, aber nicht mit Herz und Seele gekleidet hat. Gerade hier ist, anders als bei den Olympischen Spielen, dabei sein eben nicht alles – der Zweite kommt noch aufs Treppchen, aber nicht ins Bettchen.

Notieren Sie Ihre Konkurrenten, beruflich und privat, vor denen Sie gern einen Vorsprung hätten!

Markenecke 3, Gesellschaftsbeitrag: Das beste Produkt mit dem besten USP ist immer nur so gut, wie es von seinen Fans begehrt wird. Welches sogenannte Nutzenversprechen hat Schokolade und welche Relevanz hat sie? Man sagt, sie macht glücklich. Das sagt auch das Unterbewusstsein; besonders dann, wenn man an einem herbstlich-grau-kalten Tag mit der dicken Decke auf dem Sofa sitzt und verheult vor sich hin stiert, weil der Angebetete ein hübsch verpackter Frosch und kein hübsch verpackter Prinz ist. Oder dann, wenn der Chef schon wieder derart Druck macht, dass man am liebsten alles hinschmeißen würde. Ein Stückchen Schokolade oder auch zwei, und dieses wohlig-warm-süße Gefühl aus Kindertagen ist im Bauch wieder da, und das hat schon viele Menschen vorm Weiterheulen und vorm Kündigen bewahrt. Es weint und ärgert sich einfach leichter und schöner, wenn man auf guter Schokoladendroge ist. Dann löst sie ihr Nutzenversprechen ein und sie hat Relevanz. Schokolade macht Kinder froh, die Tanten und Patenonkel auch, und Väter und Mütter ebenso, wenn die Kinder still sitzen und vergnügt lutschen und kauen (und die Polsterbezüge auf der Autorückbank sogar abwaschbar sind). Neuerdings sagt man sogar, dass Schokolade doch nicht dick macht. Das ist dann auch noch ein zusätzlicher Nutzen.

Wenn das Nutzenversprechen – der Genussmoment bei dem edlen Serrano-Schinken, die Freude beim Autofahren, die ultimative Betonung der Weiblichkeit beim Minirock – einem ganz bestimmten Bedürfnis besonders gut gerecht wird und möglichst viele Menschen interessiert, ja fasziniert, hat das Produkt die notwendige Relevanz. Es wird beachtet, gekauft und wieder gekauft: Genau diesen Schinken gönne ich mir, den bin ich mir wert! Ich fahre so viel Auto, da will ich mich in genau diesem dann ein bisschen freuen können, wenn ich im Stau stehe! Mit diesem Rock stehle ich den anderen vorm Eiscafé die Schau, und genau das will ich jetzt!

Beim Menschen heißt der Nutzen Gesellschaftsbeitrag, und der verleiht ihm genauso Relevanz (Aufmerksamkeit, Begehrlichkeit) wie der Nutzen dem Produkt. Dieser Beitrag ist das, was der Mensch den anderen Menschen dalässt, woran alle gern und eindeutig denken, wenn das Gespräch oder die Erinnerung auf ihn kommt. Und zwar lange bevor ihm der Steinmetz den Gesellschaftsbeitrag eifrig in den Grabstein meißelt. Dann ist es ein bisschen spät, für alle Beteiligten. Welchen Beitrag leisten Sie zukünftig dafür, dass es nicht nur Ihnen, sondern auch den Menschen um Sie herum ein bisschen besser geht? Formulieren Sie ihn!

Ein griffiger Gesellschaftsbeitrag kann z.B. so lauten: »Ich gebe den Menschen Freude. Sie ist nachhaltig und verleiht Frohsinn. Das vermittelt Lebenskraft und gibt emotionalen Halt in unruhiger Zeit. Ich bin selbstlos. Und das bin ich bis zu dem gewissen Punkt, an dem ich auch meinen Return on Emotional Investment bekomme.« So würde ihn jemand formulieren, der kunterbunte Ideen hat, vielleicht ein verhinderter Comedian, und der nicht bloß zum Geldverdienen auf der Welt ist. Damit manifestiert er: Ich darf so sein! Ich muss sogar so sein!

Ganz anders klingt der Gesellschaftsbeitrag einer gestandenen ehemaligen Unternehmensberaterin, die heute als Coach europaweit unterwegs ist und ihre Nische sucht. Vor allen Dingen möchte sie wieder Erdung haben, denn die letzten Jahre waren schon ziemlich abgehoben: » Mit mir finden Leistungsträger in Politik, Wirtschaft und Gesellschaft zu einem selbstbestimmten Leben. Und in diesem Leben werden sie dann ihrer wahren Vorbildfunktion tatsächlich gerecht. Das ist zeitgemäß. Damit das geht, nutze ich meine Familie. Was ich tue, gibt Raum – vor allem dafür, sich selbst und anderen spürbar zu machen, was sie brauchen und was sie nachhaltig bereichert.«

Die beste Herausstellung nutzt nichts, wenn sie keinen begehrlichen Beitrag zur Gesellschaft ermöglicht. Der begehrlichste Beitrag zur Gesellschaft nutzt nichts, wenn x Konkurrenten das Gleiche versprechen und es sogar halten. Ohne das eine gibt es das andere nicht und umgekehrt. Alles hängt, wie so oft im Leben, von allem anderen ab. Darum: Achten Sie immer darauf, dass alle Ecken Ihres Markendreiecks gleich stark ausgeprägt sind.

Alle zusammen

Mit dem Marken-Ei werden der Markenkern und die Markenwerte festgeschrieben. Es steht an der engsten Stelle im Markentrichter und entsteht gemeinsam mit dem Markendreieck. Der Markenkern reduziert den

Gesellschaftsbeitrag, die oberste Ecke im Markendreieck, auf ein einziges Wort, und zwar unter Berücksichtigung von Wettbewerbern und Herausstellung. Alles zusammen bestimmt die Richtung für alle so vorteilhaften wie differenzierenden Aktivitäten der entschiedenen Wahl. Sie gestalten im Laufe der Zeit das Äußere Ich, auch was die Imagebildung und die Ausprägung des eigenen unverwechselbaren Stils angeht. Hierdurch und durch alles andere Tun soll die Markenpositionierung wahr werden, sie soll immer eindeutig wahrnehmbar durchschimmern. Daran müssen sich auch bei Ihnen alle Aktivitäten messen lassen. Und wenn es gelingt, lösen sie das Versprechen Ihrer Marke ein. Dann bekommen die Menschen einen kleinen oder auch größeren Eindruck davon, weshalb es gut ist, dass es Sie gibt. Einige davon wollen dann mehr von Ihnen, Sie öfter um sich haben. Sie denken an Sie und erzählen von Ihnen. Sie tun Ihnen Gutes.

Umgekehrt werden Sie erleben, dass es mit der Zeit auch Menschen geben wird, die Ihnen gegenüber eine klare Ablehnung zeigen. Das liegt in der Natur der Sache: Wer sich eindeutig profiliert und damit auch konstruktiv polarisiert, der hat dann immer mehr echte Fans auf der einen und immer mehr klare Ablehner auf der anderen Seite. Das ist gut so, weil man dann immer klar weiß, woran man ist; auf beiden Seiten. Und es sorgt dafür, dass auch Sie eine Marke und kein Märkchen sind. Bei Autos, Schokolade und Modemarken ist es genauso: Je klarer sie auftreten, desto klarer teilt sich die Menschenmenge im Autohaus, am Regal und an der Kleiderstange in Fans und Verweigerer. Wer Audi fährt, steht auf Technik und fährt nicht auf BMW ab; wer Zotter liebt, mag Überraschendes in der Schokolade und hat wenig übrig für die langweilige Zartheit von Milka; wer die Farbenfreude von Missoni liebt, dem ist die Schlichtheit von Jil Sander ein Graus. Und jeweils umgekehrt. Den Herstellern ist das jedoch viel lieber, als wenn ihre Sachen den Leuten gleichgültig wären, auch wenn sich viele dann, wenn es drauf ankommt, für das preisgünstigere Teil von der Konkurrenz entscheiden. Sie leben gut von ihren Fans und können sowieso nicht die ganze Menschheit einkleiden. Deshalb sollen alle anderen ruhig zu den anderen gehen. Ebenso bei Ihnen: Es gibt mehr als sieben Milliarden Menschen. Da kann nicht jeder jeden mögen, gut finden, um sich haben wollen. Weniger ist auch hier mehr, auch weil man in der Regel nur eine Handvoll echter Freunde haben kann (das ist schon viel), dazu vielleicht ein paar Hundert Bekannte, Geschäftspartner und Freizeitkameraden. Unter all denen mit der Zeit die Richtigen zu finden, ist schwierig genug. Und all die anderen Menschen werden sicher woanders fündig.

Jeder Mensch ist eine Marke, immer. Es fragt sich nur, was für eine. Und jeder Mensch hat grundsätzlich etwas, das ihn aus der Masse herausstellt. Aber was? Wenn Sie Ihre Marken-Persönlichkeit mit Human Branding entwickelt und abgesegnet haben, ist beides klar. Es versetzt Sie in die Lage, dieses Innere Ich nach außen zu tragen. Vor allem auch mit dem optimal darauf abgestimmten Image und dem richtigen Stil drücken Sie es auf den ersten Blick, beim ersten Eindruck unmissverständlich aus. Sie kleiden Ihr Ich, und damit wird ein großes Stück dieses Äußeren Ichs erlebbar. (Natürlich gibt es daneben noch die anderen Erfolgsdisziplinen, mit denen das Bild von Ihnen ganz rund wird: Rhetorik, Sprache, Körpersprache, Präsentationstechnik, Networking, Zeitmanagement, Beruf und Berufung ...)

> # Ihre Marke ist das,
> # was man hinter Ihrem Rücken
> # über Sie erzählt.

Abbildung 6: Die einzig wichtige Definition von »Marke«

Mehr Markenentwicklung

Wenn Sie, getreu dem Motto »Ein Bild sagt mehr als 1.000 Worte«, Ihre Marke auch bildhaft beschreiben möchten, finden Sie die Auswahl dafür auf

www.jonchristophberndt.com

unter »Buchleser-Login« (Benutzername: buchleser, Passwort: 13243) im Download-Bereich unter »Abbildungen«.

Und wenn Sie generell tiefer in die Materie eintauchen und Ihre Human Brand noch umfassender entwickeln möchten, empfehlen sich die Ratgeber »Die stärkste Marke sind Sie selbst!« des Autors (siehe Literaturverzeichnis).

4. CHARAKTERTYPEN UND IHRE HUMAN BRANDS

Elisabeth Motsch hat sechs klassische Charaktertypen definiert, denen sie durch die Bandbreite ihres Tuns bei der Beratung in Image- und Outfitfragen immer wieder begegnet: vom freiheitsliebenden Kreativen über den in sich gekehrten Tiefsinnigen und den extrovertierten Abenteurer bis hin zum Entertainer, dem Sozialen und schließlich dem Eleganten. Mit diesen Menschen hat sie bei ihrer Arbeit am häufigsten zu tun. Dabei gibt es nicht den reinen Typen, weil der Mensch nicht nur eine, sondern immer diverse Ausprägungen hat. Aber eine davon ist meist die klare Hauptausprägung, die dem Menschen sowohl von der Natur als auch durch die Erziehung mitgegeben wurde.

Worin erkennen Sie sich am ehesten wieder? Und welche Marken-Persönlichkeiten könnten bekannte Vertreter dieser Typen haben, die wir alle kennen? Diese Beispiele können Sie unterstützen, erst bei der Entwicklung Ihrer Marke, Ihres Inneren Ichs und dann bei einem Marketing, das wirklich dazu passt und wobei Image und Stil eine tragende Rolle einnehmen. Es geht los:

Der Tiefsinnige

Tiefsinnige Charaktertypen sind ruhig und erscheinen eher intellektuell. Es geht ihnen um den Kern der Dinge, um das, was sich im Innen und nicht im Außen befindet. Sie stellen sich Fragen nach dem Sinn des Lebens und geben sich nicht mit oberflächlichen Antworten zufrieden. Darum wirken sie auf Außenstehende oft geheimnisvoll, beinahe mystisch, in jedem Fall aber wachsam und unkonventionell. Sie posaunen nicht hinaus, was sie erkannt, geschaffen und entdeckt haben. Der Schlüssel zur Zufriedenheit des Tiefsinnigen liegt vielmehr in der leisen Freiheit, sich selbst zu entfalten, auch wenn die Welt das manchmal gar nicht wahrnimmt.

Der Erfolgsautor Paulo Coelho (*Der Alchimist*, *Veronika beschließt zu sterben*, *Elf Minuten*) erreicht Millionen Menschen jeden Alters und aus vielen gesellschaftlichen Milieus. Man fühlt mit den Protagonisten in seinen Büchern, ist berührt von den Geschichten und beschließt die Lektüre mit dem wunderbaren Gefühl der Zufriedenheit. Dabei hält sich der Autor stets im Hintergrund; er gibt nur wenige Interviews und lässt sein Werk für sich sprechen. Er möchte nicht durch seine Person, sondern durch sein Inneres, seine Persönlichkeit überzeugen. Was ihn auszeichnet, ist die Gabe, die gesellschaftlichen Verhältnisse mit wachen Sinnen wahrzunehmen und Geschichten zu schreiben, die dem Leser Wachstum und Erkenntnis geben. Sein weltweites Engagement für mehr Toleranz und Vielfalt, für soziale Initiativen und die Gestaltung einer besseren Zukunft kann als konsequente Betrachtung einer »Weltenseele« und dessen gedeutet werden, was dafür sorgt, dass es dieser Seele gut geht.

Herausstellung: Ich öffne verschlossene Herzen. Dabei stelle ich mich den brennenden Fragen der Gesellschaft, spreche Tabuthemen an und breche Grenzen auf. Bei der Beschäftigung mit philosophischen Fragestellungen treiben mich ehrliches Hinsehen, Reflexion und meine stete

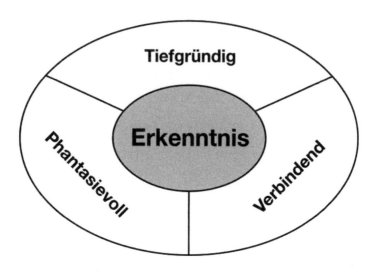

Abbildung 7: Die Marken-Persönlichkeit von Paulo Coelho

Weiterentwicklung. Mit mir lernt man sich selbst und die Welt besser kennen.

Gesellschaftsbeitrag: Durch mich verstehen Menschen, was sie bewegt. Sie beschäftigen sich angstfrei mit allen Facetten ihres Lebens und ihrer Seele und sie nehmen ihre Welt positiv und fantasievoll wahr. Die Menschen erkennen sich in meinem Werk und wachsen so über sich hinaus. Sie werden besser und können ihren Mitmenschen ein größeres Vorbild sein.

Dem Tiefsinnigen ist es besonders wichtig, nicht abgehoben, aber durchaus besonders aufzutreten. Erstaunliche Details dürfen es schon sein: Wie schön ist es, wenn man in einem langweiligen Meeting den Blick schweifen lässt und plötzlich entdeckt, dass der Sitznachbar nicht die ewig gleichen schwarzen Schuhe mit schwarzen Socken trägt, sondern grüne Schnürsenkel in dunkelbraunem Wildleder, kombiniert mit mehrfarbig geringelten Socken. Erfrischend!

Der Kreative

Im Marken-Ei der Kreativen können Begriffe wie fantasievoll, ausdrucksstark und extrovertiert stehen. Dabei sind ihnen der eigene Kopf, der eigene Wille und ganz besonders der freie Geist wichtig. Nur mit der gebotenen und für sie notwendigen Freiheit sind sie zu kreativen und oft künstlerischen Höchstleistungen fähig. Was anderen Angst macht – die absolute Freiheit – inspiriert Menschen mit diesen Markenattributen und spornt sie dazu an, neue Ufer anzupeilen. Typen wie Johnny Depp sind es, die von dieser mystischen Aura umgeben sind, die die Kreativen oft begleitet. Ob als schräger Pirat Jack Sparrow in *Fluch der Karibik* oder als der skurrile Schriftsteller Mort Rainey in *Das geheime Fenster*, im richtigen Leben wie im Kino schafft er es, uns auf seine ganz eigene Art zu faszinieren. Dies, indem er seine ganze Persönlichkeit und seine ganze Kreativität in die Rollen legt, sie zum Leben erweckt und agieren lässt, als wären sie Facetten seiner eigenen vielschichtigen Persönlichkeit. Damit berührt er den Zuschauer auf eine leise und gleichzeitig unnachahmlich bestimmte Art und Weise. Sein sicht- und fühlbarer Ausdruck ist dabei immer ein Spiegelbild seiner inneren Unabhängigkeit, und die ist bei ihm gerade nicht von der Außenwirkung abhängig.

Einem durch und durch kreativ positionierten Menschen wie der britischen Modeschöpferin Vivienne Westwood nehmen wir hundertprozentig ab, dass sie ihre Mode, die zweifellos die Laufstege so geprägt wie verändert hat, nicht macht, um damit besonders großen materiellen Erfolg zu erzielen. Westwood treibt etwas ganz anderes: Ihr Schaffen ist Ausdruck ihrer ureigenen Persönlichkeit. Sie kann gar nicht anders, und weil sie diesem Drang hemmungslos nachgibt und ihn derart konsequent verfolgt, ist sie nicht nur ziemlich kantig und markenstark, sondern eben doch auch finanziell ziemlich erfolgreich.

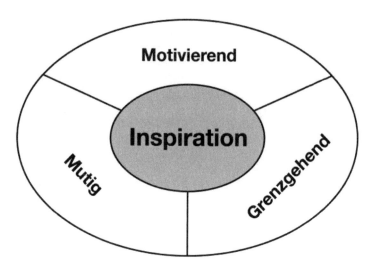

Abbildung 8: Die Marken-Persönlichkeit
von Vivienne Westwood

Herausstellung: Ich bin die mutige Visionärin. Habe ich eine klare Vision, gibt es für mich keine Grenzen und keine Kompromisse. Auf dem Weg zum Ziel sehe ich stets das ganze Bild und nicht nur einen Ausschnitt davon. In Beziehungen zu anderen bin ich ebenso ein Freigeist wie im Beruf. Ich bin am produktivsten, wenn man mich einfach machen lässt. Das bringt die geistige und räumliche Freiheit, die ich brauche.

Gesellschaftsbeitrag: Ich stachele die Menschen an. Durch mein Wesen und mein Wirken fangen sie wieder an zu träumen und sie tauchen in erquickende Fantasiewelten ein. Mit mir verleihen sie ihrem Innersten ihren ganz persönlichen Ausdruck. Und sie trauen sich, ihn zu leben. So werden sie ein bisschen so verrückt wie ich, nur ganz anders, auf ihre eigene Art.

Den Kreativen ist der große Auftritt besonders wichtig. Kleine und größere Verrücktheiten dürfen es schon sein. Viele Kreative spielen damit, ihren Stil sehr betont oder gar dramatisch bis extravagant zu leben. Wie Marc Jacobs im rosafarbenen Polokleid bei der Eröffnung seiner legendären Show mit Louis Vuitton im *Pariser Musée des Arts Décoratifs*. Da sich jedoch die wenigsten Menschen in Kreisen bewegen, in denen man sich im rosa Polokleid wohlfühlt, ist das bloß eine besonders seltsame Blüte, die das extravagante Kleidungs-Verhalten ausgesprochen kreativer Menschen treibt. Es geht auch gesellschaftsfähiger und dennoch kompromissfrei im Ausdruck – weniger Polokleid und weniger rosa, dafür mutiges Material, geiler Dekor, seltene Farbe und üppige Form; und bloß keinen Konventionen folgend.

Der Macher

Bei seiner Laudatio auf die Filmproduzentin Regina Ziegler anlässlich der Best Human Brands Awards 2012 sagte der Schauspieler Christian Berkel über die Best Female Human Brand 2012: »Wo die Regina hinkommt, da stellt sie fest – die Ziegler ist schon da!« Damit hat er ein (Fremd-)Bild von der erfolgreichsten Filmproduzentin der vergangenen Jahrzehnte (»Henri 4«, »Der Mann mit dem Fagott«, »Weissensee«), das ihrem Bild von sich selbst ziemlich nahe kommen dürfte. Sie ist in einer Branche ganz oben, die bis heute von Männern dominiert wird und den Ruf hat, Frauen lediglich über die extraordinär gute Performance auf der Besetzungscouch hochkommen zu lassen. Solche Vorurteile schreckten Ziegler allerdings nie, und so gründete sie schon 1973 ihre eigene Firma Ziegler Film. Rückblickend sagt sie, dass es oftmals eine schwere Zeit war und sie vielfach die Ellenbogen einsetzen musste, um sich im Haifischbecken

Filmindustrie überhaupt als Frau zu behaupten. Das Sich-Behaupten-Müssen kommt Abenteurern und Machern allerdings oftmals ganz recht. Herausforderungen sind ihr Antrieb, Stillstand ist ihr Rückschritt. Und wenn es ganz schwer wird, geben sie erst richtig Gas: Als Regina Ziegler insolvent war, haben sie Mut und Biss erst richtig gepackt und es ging wieder voran. Sogar ins New Yorker Museum of Modern Art schaffte sie es mit einer Retrospektive. Was für eine Macher-Marke! Sie wollte immer gewinnen und hat es letztendlich auch geschafft.

Macher gehen in die Welt hinaus und erobern sie im Sturm. Sie suchen die Herausforderung, haben den Mut, ihren eigenen Weg zu gehen und stürzen sich ohne Angst auf Neues, Unbekanntes. Attribute, die man ihnen zuschreibt, sind ehrgeizig, dynamisch, risikofreudig und mutig. Bewegung und Action sind ihr Leben. Sie fürchten die Enge und die Einschränkung und werden von ihren großen (und auch den kleinen) Visionen beflügelt.

Arnold Schwarzenegger ist solch ein Macher. Er kam mit 18 Jahren aus Österreich in die USA. Schon in den Siebzigerjahren verdiente er seine ersten Millionen im Immobiliengeschäft. Auf dem Höhepunkt seiner beeindruckenden Biografie war er Gouverneur von Kalifornien. Trotz alledem ist »Arnie« den meisten als Bodybuilder und Schauspieler bekannt. Auch wenn er in einem seiner ersten großen Kinoerfolge »Conan, der Barbar« maximal fünf Sätze sprach und die wenigsten Menschen sich näher mit Kraftsport beschäftigt haben – den kennt man. Und man weiß um sein nichteheliches Kind mit der Hausangestellten und die dramatische Trennung von Maria Shriver in der Folge. Aber das sieht die Öffentlichkeit ihm, wie vieles andere, nach; die Marke blieb unbeschädigt.

Herausstellung: Ich gehe immer einen Schritt weiter als die Masse. Für mich ist das Ziel nicht das Ende. Meine Kraft ist grenzenlos und für mich gibt es keinen Stillstand. Ich ent-

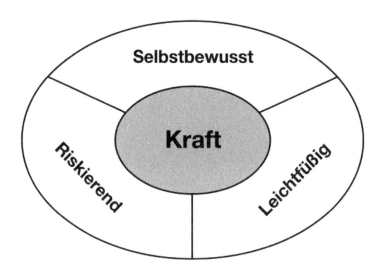

*Abbildung 9: Die Marken-Persönlichkeit
von Arnold Schwarzenegger*

wickle mich immer weiter und schwimme an immer neue
Ufer. Dabei scheue ich kein Hindernis und ich gehe den direk-
ten Weg. Schwierigkeiten sind für mich Herausforderungen.

Gesellschaftsbeitrag: Ich mache Mut. Mit mir werden
Täler durchschritten und Gipfel erklommen. Mit mir erfüllen sich die Menschen ihre Träume, genauso wie ich. Sie
sagen dann auch: »I live my dream instead of dreaming my
life.« Dabei wachsen sie, genau wie ich, an ihrer Fehlbarkeit
und sie begreifen ihre Fehler als Chance.

Für Macher ist Bewegungsfreiheit auch in der Mode
oberstes Gebot: Krawatten ziehen sie nur an, wenn es gar
nicht anders geht. Wenn schon, dann wollen sie wenigs-
tens auch mit der Farbe der Krawatte ihre Dynamik und
Kraft ausstrahlen. (Darum wählen sie auch gerne Grün und
Blau.) Die Macherin möchte ebenfalls nicht eingezwängt

sein: Schmuck? Na ja, wenn es sein muss. Strenges Kostüm? Lieber gar nicht. Dann schon eher leicht fallende Stoffe und bequemes Stretch mit großem Radius – für maximalen Tatendrang.

Der Entertainer

»Let me entertain you!« Wenn Robbie Williams singt, singen Zehntausende im ausverkauften Stadion mit. Und die sind zwischen sechs und 99 Jahre alt. Die Energie, die Leidenschaft und das Feuer, die den Vollblut-Entertainer antreiben, sind in hohem Maße ansteckend. Wenn er seinen größten Song »Angels« singt, wünscht man sich beim Feuerzeug-Schwenken, dieser Moment möge nie vorübergehen.

Wer sich davon angesprochen fühlt, der ist auch von dem blonden Lockenkopf mit dem blitzenden Lächeln und dem durchaus gewöhnungsbedürftigen, aber immer unterhaltsamen Kleidungsstil angetan: 151 Sendungen »Wetten, dass..?« über 24 Jahre und dabei genauso oft so exzentrisch wie unverwechselbar gekleidet. Und niemals verkleidet. Thomas Gottschalk hat sich vom Radio übers Kino und Fernsehen in das kollektive unterhaltungsbedürftige Herz der Zuschauer gespielt, moderiert und gecharmt. Der geborene Entertainer – enthusiastisch, humorvoll, kommunikativ und leidenschaftlich. Man spürt bei allem, was er tut, dass er mit Spaß bei der Sache ist. Wo er ist, ist die ganze Energie. Er ist ein Meister des Wortes und zieht die Menschen in seinen Bann. Während andere in der Öffentlichkeit cool sind, brennt der Entertainer im wahrsten Sinne des Wortes für die Sache und ist dabei so ansteckend, dass man sich gerne mitreißen lässt. Einfach gut drauf sein, für ein paar Stunden abschalten und sich das Leben einmal nicht zu sehr zu Herzen nehmen.

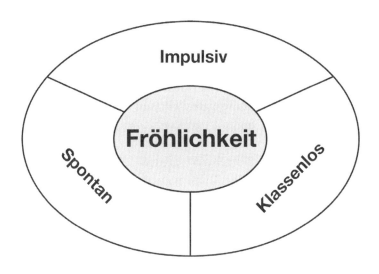

Abbildung 10: Die Marken-Persönlichkeit
von Thomas Gottschalk

Herausstellung: In meiner Gegenwart ist es ein bisschen fröhlicher, bunter und glücklicher als im normalen Leben. Ich sehe alles erst mal positiv und dabei bin ich immer echt. Ich bin ein Sonnenschein und erleuchte jeden Raum, aus tiefstem Herzen. Wo ich scheine, werden Energien freigesetzt. Ich teile sie gern.

Gesellschaftsbeitrag: Auch in schwierigen Zeiten mache ich Hoffnung. Ich gebe den Menschen Urlaub von ihren traurigen und dunklen Erlebnissen und Gedanken. Mit mir lachen sie unbeschwert und sie haben Spaß am Leben. Sie werfen ihren offenen und hellen Blick auf ihre Welt. Die Menschen laden ihren Akku auf; das macht sie froh.

Wie der Name schon sagt: Bei den Entertainern ist Zurückhaltung nicht angesagt. Sie lieben es dramatisch und extravagant. Sie wollen auffallen, im Mittelpunkt stehen und sich im Scheinwerferlicht sonnen. Dafür dürfen sie auch mal etwas über die Stränge schlagen, mit grellen Farben und außergewöhnlichen Materialien experimentieren und ihr Feuer nach außen tragen. Den Mut, sich entsprechend zu kleiden, gibt die eigene Human Brand. Damit weiß auch der exaltierte bunte Vogel genau, was er will und wie er das Scheinwerferlicht vieler Unkenrufe zum Trotz immer wieder neu ganz unbeschwert genießt. Wichtigste Regel: Immer schön die eigene Linie weiterfahren. Verrisse sind Komplimente, durchaus auch von Neid und Bewunderung geprägt. All das weiß nur die richtige Marke.

Der Soziale

Gewaltigen Persönlichkeiten wie dem Kanzler der deutschen Einheit Helmut Kohl hat man gern vertraut. Der wollte irgendwie immer etwas Gutes, irgendwo zwischen Wohlstand und Freiheit für alle. Dass er dabei auch eigene (Macht-)Interessen verfolgt hat, ist nur allzu menschlich. Genauso vertraut man diesem einen Gemüsehändler auf dem Markt, wenn er einem leise zuraunt, so, dass es die hinter einem nicht hören: »Probieren Sie mal diese Kartoffeln – glauben Sie mir, die machen das Püree perfekt.« Natürlich will er damit auch Umsatz machen, aber irgendwie ist das Gefühl stärker, dass er daran interessiert ist, einem das Leben ein bisschen freudvoller zu gestalten. Wo gelingt das besser als beim Kochen? Soziale geben einem das gute Gefühl, die richtige Entscheidung getroffen zu haben; und sie bestärken die eigene Wahl und den eigenen Weg, der nicht der aller anderen ist.

Es gab eine Zeit, da kannte jeder den Stockinger. Das ist lange her, aber heute kennen ihn immer noch die meisten, so legendär ist diese Filmfigur, die Wurstsemmeln genauso liebt wie Rex, der Polizeischnüffelschäferhund. Der

Bezirksinspektor Stockinger war der kauzige, treue und immer zuverlässige Partner des Ermittlers in *Kommissar Rex*, gespielt von dem Wiener Original Karl Markovics – erst in der Hauptserie, dann im Spin-off *Stockinger*. Bei Markovics kommen die Typen, die er mit seinem Spiel in Fernsehen und Kino verkörpert (*Die Vermessung der Welt*, *Henri 4*) seinem eigenen ziemlich nahe. Das ist wunderbar, denn je weniger er sich für eine Rolle verbiegen muss und je mehr er darin ein Stück weit auch sich selbst spielt, desto echter ist das Ganze.

Was von der Figur des Ernst Stockinger vor allem bleibt, ist das Gefühl, das man mit Karl Markovics verbindet: Es hat mit Heimat und Tradition zu tun und es ist das Zuverlässige und Mitfühlende, was uns diesen Mann, in welcher Rolle auch immer, so nahbar macht. Der Soziale

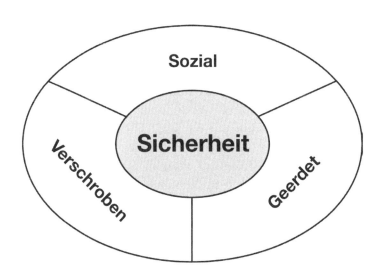

Abbildung 11: Die Marken-Persönlichkeit von Karl Markovics

ist der treue Freund, der immer ein offenes Ohr und eine helfende Hand hat. Er ist derjenige, an den man sich gern wendet, wenn man einen Beschützer und einen verantwortungsvollen Partner braucht. Diese Geborgenheit vermittelt Karl Markovics nicht nur im Film, sondern auch im richtigen Leben. Ein schönes Gefühl der Sicherheit – eben das, was diesen Charaktertypen besonders auszeichnet.

Herausstellung: Ich halte mich eher im Hintergrund. Wenn ich etwas sage, haben meine Aussagen Kraft und Substanz. Sie werden dann gerne gehört und befolgt. Man vertraut mir und folgt mir gern. Ich gebe den Menschen den Raum, den sie brauchen. Und ich bin ganz schön eigensinnig. Das ist genau das, was die Menschen an mir schätzen.

Gesellschaftsbeitrag: Wo ich bin, kehrt Frieden ein und man fühlt sich wieder geborgen, eins mit seiner Umwelt. Der Umgang mit mir führt dazu, dass man Entscheidungen abgewogen und richtig trifft. Dabei lernen die Menschen, ihre Marotten nicht als Fehler zu sehen, sondern als das, was sie einzigartig und liebenswert machen. Das macht sie dann genauso liebenswert wie mich, nur ganz anders.

Legere Blusen und Hemden, gern auch über dem Hosenbund, gerade geschnittene Anzüge, eher grobe Materialien und erdige Töne dominieren im Kleiderschrank des Sozialen. Besonders wichtig ist ihm, dass seine Sachen praktisch und unkompliziert sind. Für diesen Typen ist nichts schlimmer, als sich am Morgen mit der eigenen Garderobe beschäftigen zu müssen. Da muss es einfach schnell gehen. Ein Griff in die Schublade und er hat immer das Teil in der Hand, das sich mit den meisten anderen Teilen kombinieren lässt. Müssen sich Soziale doch einmal eleganter kleiden, wirkt das schnell aufgesetzt und künstlich. Sie fühlen sich einfach nicht wohl, wenn sie sich mit modischem Kram beschäftigen müssen. Deshalb tragen sie, außer der Armbanduhr, häufig auch keinen Schmuck. Das Gute dabei: Wer diese Human Brand entwickelt hat und dadurch weiß, wofür er steht und wie er gesehen werden will, der gibt sich die beste Erlaubnis dafür, sich mit dem ganzen Schnickschnack um ihn herum – was Accessoires genauso wie die Einrichtung seiner Wohnung angeht oder allgemein Nebensächlichkeiten des Lebens betrifft – überhaupt nicht mehr beschäftigen zu müssen. Denn die Human Brand ist sein eindeutiger Rahmen dafür, was er tut und was er lässt.

Der Elegante

Ab und zu, immer seltener, geschieht es noch: Man sitzt im Kaffeehaus, die Drehtür setzt sich in Bewegung und hereingeweht kommt eine echte Grand Dame. Eine aus dem richtigen Leben und nicht aus Regenbogenpresse und Reality-TV. Was sie umweht, ist dieser Hauch von etwas Unbeschreiblichem, diese ganz besondere Grandezza. Ist es das Kostüm? Sind es die perfekt gelegten Haare? Oder ist es diese Brosche am Revers? Ganz fassen kann man es nicht, nur spüren. Und ehrfürchtig sein. Auf jeden Fall ist es das, was man Ausstrahlung nennt.

Wenigen Menschen gelingt, was Jackie Kennedy gelungen ist: Sie ist heute noch der Inbegriff einer ganzen Stilrichtung, von Perfektion und Eleganz. Nahezu alles, was sie trug, wurde früher oder später zu einem Klassiker. Ihre charakteristischen Markenzeichen: die Perlenkette, die übergroße schwarze Sonnenbrille, der Pillbox-Hut, das klassische Etuikleid und, natürlich, die Gucci-Tasche, besser bekannt als Jackie-Bag. Die Präsidentengattin unter den Präsidentengattinnen wird mit ihrem klassisch-zeitlosen Geschmack und ihrem immer dem Anlass gemäßen Stil in Verbindung gebracht. Sie ist eine der wenigen Modeikonen schlechthin und das Symbol für Eleganz. Menschen ihres Typs wissen sich für jeden Anlass richtig zu kleiden und gehen

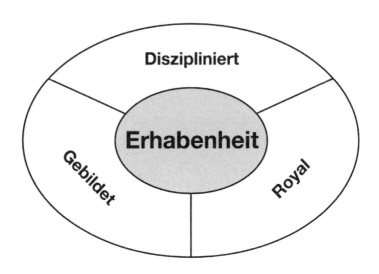

Abbildung 12: Die Marken-Persönlichkeit
von Jacqueline Kennedy

dabei äußerst gewissenhaft vor. Der Anspruch, den sie an sich selbst stellen, soll sich auch in ihrer Mode ausdrücken. Dabei stehen Moral, Disziplin und Ordnung ganz oben, was auf manche Menschen als kühl und abgeklärt wirken kann. Das Beste, und das hat nichts mit bloßem Materiellen zu tun, ist gerade gut genug. Durch Leitfiguren wie Jacqueline Kennedy traut man sich, sich dieses Beste auch zu nehmen; weil man es als allzeit eleganter Perfektionist verdient. Oder es zu geben, weil die anderen es verdienen. Dieser Typ darf das!

Herausstellung: Ich verfolge meinen Weg und meine Ziele mit großer Konsequenz. Was laut und bunt ist, ist nicht meine Welt. Stattdessen bin ich zuallererst und sehr lange die Beobachterin. Dann, zum richtigen Zeitpunkt, glänze ich zu 100 Prozent. Dabei kommt die Qualität immer zuerst: Lieber etwas weniger, und das dann in jeder Hinsicht erlesen; als das Mehr, wie ich es verstehe.

Gesellschaftsbeitrag: Mit mir haben die Menschen das schöne, leichtfüßige Gefühl, etwas größer, glanzvoller und weltfraulicher zu sein. Ich verleihe ihnen Flügel, in ihrer Vorstellung wie im wirklichen Leben. Sie wachsen mit mir über sich hinaus. Sie werfen Ballast ab und machen Platz für ihr Wesentliches. Dadurch gelangen sie in so ungekannte wie entdeckenswerte Sphären.

Besonders wohl fühlen sich die Eleganten in luxuriösen Stoffen. Ihnen kann es nicht weich, samtig und edel genug sein. Dazu gehören zweifelsohne auch der tadellose Sitz, die reinen Farben und die klassischen Schnitte. Gerne zeigt man, was man ist. Manch anderer versteht dabei nicht, weshalb Mode und Stil für diesen Charaktertypen eine derart große Rolle spielen. Weil er nicht nachvollziehen kann, dass die Mode bei ihm in besonderem Maße für den puren Ausdruck des Ichs steht, für das Weiterführen der Persönlichkeit vom Innen ins Außen und somit für die klare Ansage an die ganze Welt: Seht her, hier bin ich! Aber kommt mir nicht zu nahe, das war teuer und ich selbst bin es mir auch.

5. DIE HUMAN BRAND LEBEN UND ERLEBBAR MACHEN

Wenn die Marke, der Teil des Eisbergs unterhalb der Wasserlinie, entwickelt ist, geht es erst richtig los: Nach der Marke ist vor dem Marketing, und dafür steht der Teil des Eisbergs oberhalb der Wasserlinie. Er ist der weitaus kleinere und außerdem auch der sichtbare, und alles, was man da von Ihnen und Ihrer Persönlichkeit sieht und darüber hinaus auch fühlt, riecht, schmeckt und hört – man empfindet einen Menschen immer mit allen Sinnen –, macht Ihre Human Brand erlebbar. Sie leben Ihre Marke, immer. Wichtig beim Marketing ist jetzt, dass Sie genau wissen, was Sie dafür tun sollten, dass Sie so erlebt werden, wie Sie es beabsichtigen und mit Ihrer Marke festgeschrieben haben. Und was Sie dafür besser nicht tun und einfach bleiben lassen. Dann

- wird immer ein Stückchen mehr von Ihrer Soll-Markenpositionierung Wahrheit; also von dem, was Sie mit Ihrem Marken-Ei, Ihrer Herausstellung und Ihrem Gesellschaftsbeitrag festgeschrieben haben. In dem Sinne, dass die Menschen Sie auch genau so (oder zumindest annähernd) erleben, charakterisieren und einschätzen,

- werden Ihr Bild von sich selbst und das Bild, das andere von Ihnen haben (also Ihr Selbst- und Ihr Fremdbild), mit der Zeit immer ein bisschen deckungsgleicher. Es geht nie zu 100 Prozent, aber jedes

Mehr an Übereinstimmung sorgt dafür, dass die Wahrnehmungslücke zwischen diesen beiden Bildern immer noch ein bisschen kleiner wird.

Besonders schön und sowohl geistig als auch körperlich entlastend ist es, wenn das, was Sie ganz beruhigt nicht tun, weit mehr ist als das, was Sie ganz bewusst tun. Mit Ihrer Marke als Rahmen, als Leitplanken oder auch Sicherheitsgurt Ihres Lebens ist das möglich. Jetzt können Sie sogar mit dem Weniger an Aktivitäten mehr von dem erreichen, was für Sie zählt. Bei allem kommt immer die Authentizität zuerst: Wer echt wirkt, wird gern eingestellt, gebucht, gefördert, begehrt, eingeladen, angerufen, um Rat gefragt. Wer dagegen irgendwie verstellt, bemüht oder falsch erscheint, den sieht man immer noch am liebsten von hinten, während er zur Tür rausgeht.

Was der Eisberg ausdrückt, erkennt man besonders gut im Schaubild »Module und Wellen«. Der innere weiße Teil ist nur für Sie und betrifft Ihre Marken-Persönlichkeit. Der geht niemanden sonst etwas an. Hüten Sie sich davor, mit Ihrer Marke hausieren zu gehen – der Bäcker zeigt auch nicht sein bestes Backrezept herum und der Architekt nicht seinen schönsten Bauplan. Damit würden sie ja das ganze Geheimnis ihres Erfolgs verraten! Ganz abgesehen davon, dass das auch die wenigsten sonderlich interessiert, weil man ein Rezept nicht essen und in einem Plan nicht wohnen kann: Du kannst uns viel erzählen! Lass uns lieber von deinem frisch gebackenen Kuchen kosten und lade uns lieber in dein Haus ein, wenn es fertig ist. Dann machen wir uns schon selbst ein Bild und sagen dir, was wir von dir halten.

Entsprechend gibt es für Ihr Marketing – Sie backen Ihren »Markenkuchen« und bauen Ihr »Markenhaus« – den äußeren grauen Bereich »Für alle«. Das ist all das Sicht-, Fühl- und Begreifbare von Ihnen, in allen relevanten Erfolgsmodulen, das ganze Leben betreffend. Hier können Sie überall ganz viel dafür tun, dass Ihre Marke in den nächsten etwa eineinhalb Jahren erlebbar wird und es dann auch bleibt. Die Human Brand betrifft Sie als ganzen Menschen in all Ihren Lebensbereichen, nicht bloß im Berufsleben. Was ist dafür notwendig, dass die Menschen um Sie herum – die Kollegen genauso wie die Freunde und Bekannten im Sportverein und die liebsten Menschen in der Familie und im Freundeskreis – Sie so wahrnehmen; und zwar gleich auf den ersten Blick und beim ersten Gefühl?

Es gibt zehn Lebensmodule und in fünf davon spielen Kleidung und Stil eine große Rolle: Ich/Selbst, Beruf/Arbeitsplatz, Freunde/sozialer Kreis, Partner/Beziehung und Hobby/Freizeit. Aus dem Zusammenspiel all Ihrer Aktivitäten in diesen und den fünf anderen Modulen ergibt sich das Bild von Ihnen in den Köpfen und in den Herzen Ihrer Mitmenschen. Analog zu Markenkuchen und Markenhaus: Hier gewinnt das mit der Zeit immer mehr an Kontur, was wir alle von Ihnen bekommen. Wir nehmen es wahr, immer wieder, und entscheiden uns immer wieder aufs Neue, ob wir mehr davon, von Ihnen, wollen – oder eben nicht. Ihre Marke fängt nirgendwo mehr an und hört nirgendwo mehr auf, Ihr Marketing genauso wenig.

Damit Sie sich ausreichend angespornt fühlen, unterwegs nicht die Kraft oder die Lust oder beides verlieren und sich immer das Gefühl erhalten, dass alles Tun die Mühe wert ist, sollten Sie im Rahmen Ihres Marketings und damit Ihres Markenerlebbarmachens realistische Ziele definieren; und genauso realistische Maßnahmen, die dazu geeignet sind, die Ziele auch zu erreichen. Besonders wichtig bei der Zielformulierung ist die Befolgung der so einfachen wie wirkungsvollen SMART-Regel: Ein Ziel ist dann erreichbar, wenn es *s*pezifisch, *m*essbar, *a*ngepasst, *r*ealistisch und *t*ermingebunden ist. Wenn nur eine dieser Voraussetzungen nicht erfüllt ist, ist die Gefahr schon sehr groß, dass es nicht erreicht wird und alle Mühe vergebens ist. Zur Formulierung

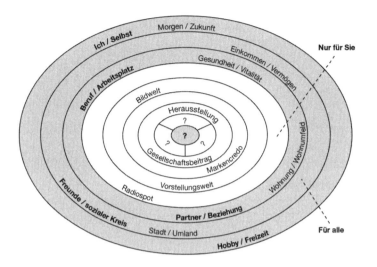

Abbildung 13: Wellen und Erfolgsmodule. Wenn die Marken-Persönlichkeit entwickelt ist (weiß), zieht sie ihre Kreise. So hat sie Einfluss auf alle Lebensbereiche (grau). In fünf davon spielen Kleidung und Stil eine besonders große Rolle.

Ihrer Ziele und Maßnahmen empfiehlt sich der schriftlich formulierte Persönliche Entwicklungsplan, der, so umfassend wie nötig und gleichzeitig so knapp wie möglich, die Marschrichtung klar und verbindlich vorgibt. Das macht den Weg zur gelebten Marke übersichtlich und verbindlich. Dieser Plan muss dann regelmäßig – nicht nur zum neuen Jahr, sondern mindestens einmal im Monat – mit der aktuellen Ist-Situation abgeglichen werden: Wie viel des Weges ist in welchen Lebensbereichen bereits geschafft? Wo muss ich mehr Gas geben? Was habe ich vernachlässigt? Aber auch: Wo muss ich nachschärfen, das Ziel verändern und die Maßnahmen anpassen, weil sich die Gegebenheiten (zum

Beispiel durch Nachwuchs, Jobverlust, Krankheit, Umzug etc.) verändert haben?

Eine Vorlage für Ihren Persönlichen Entwicklungsplan finden Sie im Download-Bereich der Website des Autors. Zu den Zugangsdaten siehe Kapitel »Meine Human Brand: drei Werkzeuge, Alle zusammen«.

Modul Ich/Selbst

Es ist dieser eine grauenhafte Moment: Bevor man am Morgen das Haus verlässt, blickt einem im Spiegel dieser Mensch entgegen, der nichts mit dem Menschen zu tun hat, dessen Bild man im Kopf hat, wenn man an ihn denkt. Vielleicht liegt es an den paar Winter-Kilos zu viel; oder an dem ewigen mausgrauen Hosenanzug; oder an dieser Wie-Immer-Frisur, die im Grunde schon seit Jahren doof ist. Nach einer Trennung geht der Mensch (und beileibe nicht nur die Frau) erst mal sofort radikal zum Friseur und lässt sich buchstäblich die alten Zöpfe abschneiden. Er stellt, gern im Zustand der rasenden Wut, den Kleiderschrank auf den Kopf und fängt an, mit neuer Garderobe und ganz anderen Farben zu experimentieren. Überhaupt wird er oft mutig, wenn die Situation es verlangt. Aber im ganz normalen Alltag, ohne Umbruch im Leben, ist es besser, so bequem und eingespielt wie immer. Da hat man schlicht keinen Bock auf Veränderung. Und wer doch Bock hat, traut sich dann nicht, den mausgrauen Hosenanzug mal hängen zu lassen oder ihn gleich ganz radikal bei den Barmherzigen Brüdern oder Schwestern für die Kleiderkammer abzugeben. Weshalb ist es denn notwendig, dass der Impuls für Veränderung von außen kommt (und dazu meist noch recht schmerzhaft ist), und wir unser Auftreten und unsere Wirkung erst dann überdenken? Ist es doch gar nicht!

Ihre Marke gibt Ihnen die Sicherheit dafür, ganz zielgerichtet all das aus Ihrem Leben wegzustreichen, was nicht mehr zu Ihnen passt oder im Grunde noch nie gepasst hat. Und stattdessen was Neues zu tun, anzuschaffen, in Ihr Leben reinzulassen. Nur weil Sie schon immer diesen einen Pulli anhatten, muss das nicht heißen, dass Sie das Teil nochmal zehn Jahre tragen müssen. Jetzt dürfen Sie sich fragen: Will ich diesen Pulli überhaupt noch anziehen? Besser noch: Kann ich ihn noch tragen? Wofür steht er, was sagt er aus, was löst er aus, wie unterstreicht oder konterkariert er meine Persönlichkeit? Passt er zu mir? Dabei kommen jetzt Sie zuerst und nicht die Menschen, die den Anblick des zerbeulten Teils bislang ertragen mussten.

Bewusstes Auftreten beginnt bei einem selbst, im ganz normalen, völlig unprätentiösen Alltag; ganz ohne Katastrophen und andere Auslöser für Veränderung von außen. Es ist selbstdienlich und es befördert das Glücksgefühl und die Zufriedenheit. Man fühlt sich wohl und packt den Tag ganz anders an. Was ein neues Stück Stoff alles vermag – oder auch ein altes, das sitzt und passt und die Persönlichkeit derart unterstreicht und auf den Punkt bringt … Sensationell! Schön ist dann auch wieder der Morgen, wenn man sich im Spiegel betrachtet oder wenn man sich ganz einfach innerlich reflektiert. Beides verleiht einem das Gefühl der Zufriedenheit: Der Mensch, der mich da ansieht, ist ganz bei mir, der bin ganz ich selbst. Dieses Gefühl stellt sich auch bei Ihnen ein, wenn Sie wissen, wofür Sie stehen; ob Sie eher der extrovertierte oder der introvertierte Typ sind; ob eher eine kreative Vivienne Westwood, ein abenteuerlustiger Arnold Schwarzenegger oder eine edle Jackie Kennedy zu Ihrem Vorbild taugt. Dieses Wissen und die damit verbundene Entscheidung für das Selbst, das wie angegossen passt, sind die Bausteine für ein glückliches Ich – nach außen wie nach innen.

Die Marke gibt vor, wie Sie sich in Zukunft präsentieren, was Sie repräsentieren. Ihre Verpackung, vor allem die

Kleidung, die Frisur und die Accessoires, wird großen Anteil daran haben. Sie ist ein Geschenk, das Sie sich selbst machen; eines, das Ihnen so gut gefällt wie anderen – mit den richtigen Schnitten und Formen, Farben und Details. Wenn man zur Taufe eines Jungen eingeladen ist, packt man den Strampler nicht in Zartrosa ein. Wenn man seinen besten Freund mit einem Buch beschenkt, überlässt man das Einpacken in der Regel nicht dem Buchhändler, der bloß das Einheitspapier von der Rolle nimmt und das Geschenkband mit der Schere kräuselt und zum schlechten Schluss seinen Buchladenwerbeaufkleber draufklebt. Nein, man wählt das Papier und das Band genauso bedacht aus wie das Buch selbst. Dann passt alles zum Beschenkten, dann ist es eine runde Sache.

So verhält es sich mit der eigenen Verpackung. Wenn in mir eher das elegante, feinsinnige Herz schlägt, will ich mich der Welt auch so zu erkennen geben: schöne Stoffe, schlichte Schnitte – ganz viel Stil beweisen. Wenn jedoch meine Markenarbeit mit mir selbst gezeigt hat, dass dieses Herz viel eher redlich, grundehrlich, erdverbunden ist – wieso sollte ich es dann in wilde farbenfrohe Kleidung hüllen? Darin fühlst du dich doch gar nicht wohl, mein Herz! Was scheinbar modern und angesagt ist, ist noch lange nicht für mich modern und angesagt. Das kann für viele Typen gut sein, bloß nicht für meinen. Und der ist, klar, mir immer noch der wichtigste. Mit diesem Gespür vermeidet man auch, übermäßig viel Geld für dieses eine Teil aus dem Modejournal auszugeben und daheim festzustellen, dass das richtige Leben weder ein Modejournal noch ein Catwalk ist und der, der da jetzt drinsteckt, eher eine Erscheinung ist wie die Vogelscheuche von Bauer Ewald auf dem Prickingshof. Schade ums Geld!

Der Mensch, der es zuerst spürt, wenn Sie nicht gekleidet, sondern verkleidet sind, sind immer Sie selbst. Sie haben das schon immer irgendwie gleich gemerkt, und regelmäßig verlief der Tag dann dementsprechend, Sie fühlten sich nicht wohl, wussten aber auch nicht wirklich, woran es lag. Jetzt wissen Sie es genau, wenn es denn so ist, und Sie dürfen es sich jetzt sogar eingestehen und – gegensteuern. Damit sorgen Sie für das bessere Wohlfühlgefühl, und das sorgt mit dafür, dass Sie, wenn der Wecker klingelt, in höherem Bogen aus dem Bett hüpfen, leichter in die Gänge kommen, nicht so lange vor dem Kleiderschrank herumlungern, sich viel lieber im Spiegel betrachten, auf dem Weg zur Arbeit ein lauteres Liedchen pfeifen und dort sogar pünktlich ankommen. All das vermag – klingt komisch, ist aber so – eine Kleidung, die Ihr Innerstes nach außen trägt.

Es gibt jemanden, der mit seiner Human Brand eine wichtige Kleiderfrage ein für alle Mal für sich beantwortet hat. Er dachte viele Jahre, und so war es ihm auch vorgelebt worden, dass er als Geschäftsführer einer Unternehmensberatung, als Vortragsredner, Management-Trainer und -Coach und als regelmäßiger Experte im Fernsehen nur dann tadellos gekleidet ist, wenn er mit schniekem Anzug, frisch gestärktem Hemdkragen, dunklen Socken und schwarzen Budapestern unterwegs ist. Beim Mandanten genauso wie auf der großen und der kleinen Vortragsbühne und auch im Büro, wenn eigentlich nur Lochen, Heften, Ablegen angesagt ist (im Grunde richtig, wenn schon, dann für alle gleich, die Kollegen sind ja im gewissen Sinne auch Kunden). Nur die Krawatte hatte er sich schon lange vorher getraut wegzulassen, und das konnte er auch immer argumentieren: Ein Skiunfall hatte ihn einmal mit kaputtem Arm zurückgefelassen, der in der Folge zwar nicht kaputt genug blieb, um kostenlos Busfahren zu dürfen, aber immerhin ausreichend kaputt dafür, dass er ab dem Zeitpunkt keinen Schlips mehr binden konnte.

Anzug und so war also immer irgendwie o. k. Dieser Mensch fühlte sich nicht richtig wohl und auch nicht sichtlich unwohl damit. Es war unauffällig, mausgrau irgendwie, von den Farben genauso wie vom Gefühl und von der Wirkung her. Ob man damit, als Markenentwickler und auch als durchaus kantige, gegen den Strich gebürstete Persönlichkeit, sein Ego tatsächlich scharf konturiert auf den Punkt bringt, war immer latent die Frage. Dann kamen Menschen, die sagten, dass etwas Mut doch gut täte und wo denn eigentlich geschrieben stände, dass der Büromensch aussehen müsse wie ein Büromensch und der Unternehmensberater wie ein Unternehmensberater. Noch dazu, wenn er mit einem coolen Thema unterwegs ist, und das Thema Marke ist für viele Menschen cool. Da denken sie an Prada und an Bugatti, an Rolex und an Apple. Und dann kommt da ein schwarz beanzugter und weißbehemdeter Pinguin daher und erzählt ihnen etwas, was angeblich nur er weiß und das dazu auch noch neu und trendy ist. Passt das? Nein, es passt nicht, weder zu ihm noch zu seinem Thema. Stattdessen sagten die wenigen Menschen, denen er gern zuhört, er dürfe seine »Coolness nicht herschenken« und solle »der sein, der aus der Zukunft kommt«. Da würde das Publikum aufmerksam sein, besonders dann, wenn er selbst den glaubwürdigen Anschein erwecken würde, die Trends mitzugestalten und sie nicht nur herauszuposaunen.

Heute zieht dieser Mensch los auf die Bühne in einem Sakko von Paul Smith. Der ist sein Lieblingsdesigner, bei dem alles ein bisschen verrückt ist. Aber so verrückt, dass es schon wieder eine konservative Verrücktheit ist. An dem Sakko ist alles umgedreht: Das Revers ist falsch herum angenäht, oben ist unten und unten ist oben, die Klappen der seitlichen Taschen klappen von unten nach oben und die Etiketten innen stehen auf dem Kopf. Dazu gibt es eine sehr gut sitzende, relativ eng und gerade geschnittene, dunkelstblaue Jeans von Nudie, Ringelstrümpfe, auch von dem Verrückten, braune, teils wildbelederte Sambaschleicher von Floris van Bommel und ein schlichtes weißes Hemd von Boss, das immer öfter durch ein T-Shirt mit beknacktem Design ersetzt wird. Und als Accessoire, als Markenzeichen, trägt der Mensch immer, immer, immer das echt silberne® rechts am Revers. Schließlich ist er nun, nach einigen Jahren, für viele bloß noch »der mit dem R« und nicht mehr dieser Jon Christoph Berndt®. Was sollte es für ihn Schöneres geben beim Marke-Erlebbar-Machen, gerade dann, wenn er in all den Sachen nicht nur mit klaren Kanten rüberkommt, sondern sich auch noch sauwohl fühlt? (O. K., zwei, drei Anzüge und auch eine vorgebundene Notfallkrawatte hat er noch – für die Anlässe, in denen »Smart Business« oder »Business« die Kleidermarschrichtung vorgeben und der mit dem ® mit seinem wahren Stil die Gastgeber doch zu sehr vor den Kopf stoßen würde, und das nicht bloß auf ihrer Beerdigung.)

Mit diesem Outfit kommt der Mann professionell, profiliert, eindeutig erkennbar und wiedererkennbar, pur und echt daher. Das sagen ihm die wahrhaft kritischen Menschen, die es nicht zu gut mit ihm meinen und auf die er gerne hört. Und er fühlt sich kraftvoll. Das muss sein, gerade auf der Bühne, egal ob vor acht Menschen im Konferenzraum oder vor 800 Menschen im Ballsaal des örtlichen Hilton-Hotels. Bühne, ob groß oder klein, ist überall, und den berühmten ersten Eindruck, für den es keine zweite Chance gibt, gibt es auch überall.

Modul Beruf/Arbeitsplatz

Als die Jury der Best Human Brands Awards 2012 darüber beriet, wer die Best Newcomer Human Brand des Jahres ist, einigte man sich erstaunlich schnell auf den Berliner Unternehmer Christian Vater. Er ist Gründer und Geschäftsführer der gemeinnützigen Stiftung »Deutschland rundet auf«. Nach einer Lehre zum Bankkaufmann (ziemlich spießig) absolvierte er ein Wirtschaftsstudium an der European Business School in London mit Aufenthalten in

Paris und Buenos Aires (klingt schon eher nach großer, weiter Welt). Danach war er in der internationalen Musikindustrie, bei klangvollen Firmen wie EMI Music, BMG und DEAG; außerdem im Management von Robbie Williams. Genau, bei dem.

Da fragt man sich dann doch, weshalb einer, der es geschafft hat, all das sausen lässt, was er geschaffen hat, um eine gemeinnützige Stiftung zu gründen, und sich dafür aus der Bling-Bling-Welt zurückzieht. Lieber was Karitatives machen, sagte Vater zu sich selbst – und machte. Er sagte sich, dass es unfassbar ist, dass die Deutschen in einem der reichsten Länder der Welt leben und es trotzdem vor ihrer Haustür Millionen Kinder gibt, die aufgrund ihrer sozialen Herkunft in Armut und ohne Chance auf sozialen Aufstieg leben. Das will er ändern: Bei seiner Initiative »Deutschland rundet auf« kann man bei vielen Handelsketten an der Kasse den Gesamtbetrag auf die nächsten vollen zehn Cent aufrunden. Dafür sagt man an der Kasse »Aufrunden bitte!« Das gespendete Geld fließt ohne Abzüge in nachhaltige soziale Projekte; in Deutschland und nicht in Afrika, wo Vater ebenfalls lange gelebt hat und weiterhin unterwegs ist. Was er so wirkungsvoll wie einfach ins Leben gerufen hat und was ihn zur nachhaltigen menschlichen Marke mit starker Herausstellung und starkem Gesellschaftsbeitrag macht, qualifizierte ihn zur Best Newcomer Human Brand. Seine Initiative macht Schule und hat das Potenzial, in viele Länder exportiert zu werden.

Christian Vater hat das gemacht, was sich viele insgeheim wünschen und nur ganz wenige sich trauen: Er hat sein Leben in die Hand genommen. Er hat das, was man gern als sichere Bank bezeichnet, verlassen und sich dabei von den Bedenkenträgern und Unkenrufern nicht entmutigen lassen. Auf in ein neues Abenteuer, in das Leben seiner Wahl. Und zwar in das Leben, das seiner Human Brand viel eher entspricht als das, was er zuvor in der bunten Welt des

Entertainments alles erfahren und gemacht hat. Die Jury der Best Human Brands Awards beschreibt es so: »In hohem Maße beeindruckt uns, neben dem innovativen Ansatz von ›Deutschland rundet auf‹, der Mut von Herrn Vater, etwas gänzlich Neues zu wagen und sein Leben der guten Sache zu widmen. Er ist somit nicht nur als Unternehmer, sondern besonders auch als Mensch ein Vorbild für all jene, die mit Mut und Entschlossenheit die Welt ein kleines bisschen besser machen möchten. Eine echte Human Brand, die sich nicht beirren lässt und aus Kleinem ganz viel Großes gewinnt.« Wer Christian Vater bei der Preisverleihung live und in Farbe auf der Bühne erlebte, der spürte, dass hier einer ist, der an seine Idee glaubt und sich seiner Vision zu 100 Prozent verschrieben hat: Er erscheint ohne schwarzen Anzug und Krawatte, und das darf der Typ des glaubwürdigen Abenteurers und Machers ja auch. In dunkelblauer Hose und mit weißem Hemd, die obersten Knöpfe offen und das Brusthaar freilassend, passend zum Dreitagebart, wirkt er ebenso souverän wie sympathisch und glaubwürdig echt. Im Smoking hätte er sich weder gut gefühlt noch hätte man ihm diese Rolle abgekauft. Das, was den Mann im Beruf so erfolgreich macht, was seine außergewöhnliche Ausstrahlung unterstreicht, sind diese Andersartigkeiten, die er sich leisten kann. Der stößt damit niemanden vor den Kopf, ganz anders als ein deutscher Minister, der, noch ziemlich grün hinter den Ohren, zur Vereidigung durch den Bundespräsidenten im hellgrauen Glencheck aufkreuzte, wie man das sonst nur beim Fraktions-Grillfest oder bei der Bootstaufe im heimatlichen Wahlkreis tut. Der darf das nicht! Ronald Reagan, dem alten Leinwandcowboy, hätte man es bei seiner Vereidigung halb bewundernd durchgehen lassen, aber selbst der zog sich bei offiziellen Anlässen an, wie es der Etikette entsprach.

Christian Vater würde in seinem Aufzug auch dem Bundespräsidenten gefallen. Das ist der Unterschied zwischen einer immer angemessen gekleideten Persönlichkeit, die schon etwas geleistet hat, und einer verkleideten Persönlichkeit, die erst noch etwas leisten muss.

Die Marke nimmt den Menschen an die Kandare. Sie spornt an, leitet an und bewahrt vor zu viel, zu schnell, zu fremdbestimmt. Weil es alles ist, nur nicht markenhaft, wenn man überall aufkreuzt und wie ein milder Lufthauch immerzu ein kleines bisschen der eigenen Anwesenheit versprüht. Dann schon lieber ein kräftiger Wirbelsturm; da, wo man ist. Im Job und bei den ganzen beruflichen Anlässen, die zusammengenommen sogar mehr Zeit kosten als die, die der durchschnittliche Pendler im Stau verbringt. Also ziemlich viel.

Tun Sie nur das, was Sie wirklich tun wollen und was Sie auch gut können. Das reicht für ein ganzes Leben, in jeder Hinsicht. Natürlich kommt da schnell die Frage auf, wie am günstigsten herauszufinden ist, worum es sich dabei handelt. »Lebe deinen Traum, statt dein Leben zu träumen!« und andere flotte Sprüche sind schnell dahergesagt und noch schneller wieder vergessen. Gute Idee, all das, aber wie kommt die Weisheit vom Kalenderblatt runter und rein in mein Herz und vor allem in mein Handeln? Ganz klar: Die Marke ist die große Unterstützung dabei, vor allem auch der Persönliche Entwicklungsplan mit den Zielen und Maßnahmen. Da steht, wenn Sie ihn gewissenhaft machen, alles für das Berufsleben, das Sie sich wünschen, drin. Jetzt spüren Sie viel besser, wohin die Reise geht. Was Sie wollen, was Sie brauchen und was Ihnen guttun wird. Es gibt Menschen, die im Human Branding Coaching davon träumen, das Lehrerdasein hinter sich zu lassen und sich selbstständig zu machen – irgendwas mit Wein und Genuss oder was mit Event und Catering. Und der nächste hat, wenn er konsequent in sich hineinhorcht und ganz ehrlich zu sich selbst ist, die Nase gestrichen voll vom Restaurantbesitzerdasein, das nie ein Ende hat und wo die Mäkeleien der nervigen Gäste niemals aufhören. Ob er die letzte Kurve noch kriegen kann, das abgebrochene Studium fertigzumachen und dann ab in den Staatsdienst? Es gibt kein Richtig und kein Falsch, es gibt nur Ihren Weg dahin, zu leben und nicht gelebt zu werden. Mit Ihrer Human Brand kennen Sie ihn schon viel besser, und auf einmal ist das Wasser, in das Sie springen, nicht mehr ganz so kalt, vielleicht sogar schon wohltemperiert.

Die Fragen sind hier wie in den anderen Bereichen des Lebens:

- ○ Was tue ich im Job dafür, dass ich mein Markenversprechen einlöse – mit meinen ganzen Aktivitäten, also meinem ganzen Marketing?
- ○ Was darf ich auf einmal machen, wo ich früher immer bloß den deutschen Hasssatz Nr. 1 »Das haben wir aber noch nie so gemacht!« zu hören bekam?
- ○ Was darf ich auf einmal bleiben lassen, wo ich früher immer bloß den deutschen Hasssatz Nr. 2 »Das haben wir aber schon immer so gemacht!« zu hören bekam?

Die wichtigste Erfolgszutat lautet: 100% Überzeugung bei 0% Komplexität. Wenn man seinen Job mit 100% Überzeugung und damit auch mit 100% Liebe macht, dann ist das schon die halbe Miete. Die zweite Hälfte wird fällig, wenn es darum geht, sich so zu präsentieren, dass der Chef, Kollege, Kunde, Konkurrent sofort spürt, mit wem er es zu tun hat. Dann ist die Marken-Persönlichkeit auch eine Marketing-Persönlichkeit. Eine Human Brand ist genau so viel wert wie der Gewinn (und nicht nur der materielle), den man aus ihr zieht. Elisabeth Motsch trifft es auf den Punkt, wenn sie sagt: »Business-like sind viele, charakter-like wenige. Das ist die Zukunft der Kleidung, dass man die Person dahinter sieht.« Vor allem sollte man immer die Leidenschaft sehen, mit der diese Person ihren Mitmenschen gegenübertritt: Einem bodenständigen Menschen, der bei einer Versicherung arbeitet und in Jeans zum Kunden geht, rät Motsch stattdessen zu einer Kombination aus Stoffen mit Struktur: »Das ist dann immer noch erdverbunden, aber nicht mehr zu bodenständig.« (Es sei denn, es ist die bestgeschnittene, bestsitzende Jeans im schönsten Blau der ganzen Welt. Aber wer hat die schon?) Erdverbundenheit gilt inzwischen als etwas Substanzielles, Verantwortungsbewusstes, Positives; Bodenständigkeit wird dagegen eher negativ, als sich klein machend assoziiert. Wie aber will jemand, der zu den Vermittlern und Erdverbundenen gehört und auch so wirkt, große Geschäfte tätigen, wenn er nach kleinen aussieht? Die Beantwortung der Stilfrage zwischen zurückhaltend-ehrlich auf der schönen und abschreckend-kleinbürgerlich auf der unschönen Seite ist also ein schmaler Grat.

Wenn man beruflich das macht, was man gerne macht, braucht man keine Ferien. Weil es keine strikte Trennung zwischen Arbeit, Privat- und Freizeit mehr gibt. Einfach gnadenlos durch…, eben nicht -arbeiten, sondern -leben. Einfach durchleben, ohne die fünf Wochen Urlaub im Jahr als Ausgleich für die 47 Wochen Schrecklichkeit. Und immer darauf achten, dass die wahre Qualitätszeit nicht nur beim Tennisspielen, Heckenschneiden und Freunde-Treffen verbracht wird, sondern vor allen Dingen auch im Büro, in der Schreinerei, in der Herrenboutique, hinterm Tresen, in der Schule oder wo auch immer Sie die Qualitätszeit, in der Sie Ihr Geld verdienen, am allerliebsten verbringen. Hauptsache, es ist Ihr Ding! Dann ist der Freitag auch der neue Montag. Dann wird die Vier-Tage-Woche leichter Wirklichkeit – falls Sie zu denen gehören, die, wenn sie an »Karriere machen« denken, nicht so sehr an die klassische, sondern eher an die Herzenskarriere denken. Dann kommt es zu einem Return on Emotional Investment. Man nennt diesen RoEI auch Freude, Erfüllung, Sinn. »Willst du gelten, komme selten« gilt dann auch fürs konsequente Zumachen zweimal im Jahr. Immer offen haben nur die, die keine anderweitige Leidenschaft haben. Bei brandamazing, der Heimat von Human Branding, ist zwei Wochen im Sommer und zwei

Wochen im Winter radikal zu. Es nennt sich Betriebsurlaub und dann heißt es auf dem Anrufbeantworter: »Wir sind bis 5. September/7. Januar am See/im Schnee. Der Chip wird Mitte der Woche abgehört. Wir freuen uns, wenn wir nach unserer Rückkehr wieder voneinander hören und lesen.« Zwar haben die meisten Leute die Handynummern von der kompletten Belegschaft, aber kaum einer traut sich, in den Ferien mobil anzurufen. Die haben verstanden!

Mindestens so schön ist es, wenn sich das Unternehmen im Outfit der Mitarbeiter widerspiegelt; und umgekehrt. Damit das funktioniert, sollte jeder Kollege die Positionierung und damit die Marke seines Arbeitgebers kennen. Welchen Markenkern, welche Markenwerte, welche Herausstellung hat sie und welchen Gesellschaftsbeitrag schreibt sie sich auf die Fahnen? Auch eine Firma ist nämlich in eine Richtung ganz besonders ausgeprägt und grundsätzlich mit den hier definierten Menschentypen vergleichbar. Schließlich hat auch sie eine Persönlichkeit. Ist Ihre derzeitige oder Ihre Wunschfirma eher kreativ, tiefsinnig, abenteuerlustig, vordergründig (das, was beim Menschen der Entertainer ist), erdverbunden oder elegant? Wer das grob beantworten kann, kann sich bereits vor der Bewerbung ein Bild davon machen, ob der Laden zu ihm passt. Denn, was soll der Feuertyp bei der Bausparkasse, was soll der Vermittler in der Eventgastronomie? Und was soll die graue Flanellhose da, wo alle ein bisschen Vivienne Westwood und Marc Jacobs sind? In jedem Hemd und jeder Hose, in jeder Bluse und jedem Rock steckt jemand drin und wenn die alle nicht zusammenpassen, wird es unecht, ungemütlich. Alle fühlen sich dann unwohl und weil man sich so weit nicht verbiegen kann, dass es doch passt, geht es letztendlich schief.

Kleidung und Accessoires machen die Firmenkultur erlebbar. Das wissen viele große und inzwischen auch kleinere Firmen. Deshalb entwickeln sie mit Fachleuten ihre »Corporate Fashion«, also das, was sie mit der Kleidung der Mitarbeiter aussagen wollen. Und das geht mittlerweile deutlich über die einheitliche Schürze und das einheitliche Hütchen am Counter des amerikanischen Fast-Food-Betriebs hinaus. Wer es richtig macht, schreibt nichts konkret vor, sondern formuliert vielmehr Bandbreiten (nicht zu kleinkariert, aber auch nicht zu beliebig), in denen sich der Mitarbeiter beim Ausdruck seiner Persönlichkeit bewegen darf. Das macht ihn zum glaubwürdigen Markenbotschafter – nicht durch die Einheitsform gepresst und gleichzeitig nicht per Laisser-faire an der zu langen Leine gelassen. Es ist der Mensch, der schon ohne etwas zu sagen den Eindruck erweckt, dass er genau zu dieser einen Firma gehört. Das macht ihn zu dem, was ein Unternehmen in seinem Mitarbeiter am liebsten sieht: einen richtigen Markenbotschafter. Gekrönt wird es manchmal von einem Markenzeichen, etwas Unverwechselbarem, das zu der Firma gehört wie ihr Name und ihr Logo. Es kann das in die Hemdkragen der Vertriebler eingestickte Logo sein (»Der Fashion-Gott bewahre!«, hört man Elisabeth Motsch da sogleich rufen, und sie hat sowas von recht!) oder auch der einheitliche kleine Anstecker (bei den Männern) und die Brosche (bei den Frauen). Geht schon eher, wenn es passt und die damit formulierte Aussage die Wirkung der Marke unterstützt. Bei brandamazing gibt es das ®, das alle tragen. Es ist ein in Silber gegossener Pin, edel und zurückhaltend zugleich, und er bringt das, was eine markengetriebene Unternehmensberatung macht, ultimativ und sehr einfach auf den Punkt. Das wissen zumindest die, die wissen, wofür das ® steht. Und die, die es nicht wissen, verstehen es schnell, wenn sie sich ein paar Logos auf ihren Lieblingsprodukten anschauen: Das ® steht gern dort, wo es sich um etwas derart Einzigartiges handelt, dass es sogar vom Patent- und Markenamt vor dem Nachahmen geschützt wurde und damit eine Registered Trademark ist.

Während es so erfrischend wie immer noch neu ist, dass man selbst in der maximal erfolgreichen Anwaltskanzlei nicht mehr mindestens in Maßkonfektion antreten muss, kann es das Herausstellungsmerkmal schlechthin sein, wenn der Lehrer all das im Konferenzzimmer versammelte Schlammfarbene, Kleinkarierte und Pologehemde für sich weglässt und lieber schicke und durchaus auch zeitlose Eleganz walten lässt. Das fällt auf, macht neugierig und produziert neben wahren Fans durchaus auch Ablehner – sei's drum, auch der Geografiepauker hat das Recht auf echte Reaktionen seiner Mitmenschen. Wer weiß, was er tut und warum er genau das tut, bleibt auch gerne Geografiepauker und hat dann beispielsweise auch den Mut zum gedeckten Kostüm oder zum perfekt sitzenden Sakko, weit entfernt von Rollkragenpullover und Segeltuchschuhen. Das mischt dann auch die Kollegen im Lehrerzimmer ordentlich auf und empfiehlt diese Persönlichkeit, die in diesen ganz besonderen Klamotten – nein, Kleidungsstücken – steckt, bei nächster Gelegenheit für höhere Weihen im Rektorat. Sie erkennt man nämlich in der Einheitssoße und an sie erinnert man sich, wenn es ans Postenschachern geht.

Die Marke bewahrt davor, Zeit seines Berufslebens nörgelnd und grantelnd und irgendwie immer verwester zwischen der gummibaumbewehrten Bürostube im Flügel römisch drei, arabisch 4a und dem Reihenmittelhaus mit Carport und badehandtuchgroßem Garten hin und her zu pendeln. Im Falle der zweifelsfrei festgestellten tiefsitzenden Unzufriedenheit muss dann eines weg: die Amtsstube oder das Reihenmittelhaus. Oder beides. Gut ist jedoch, wenn man im Falle dieses Falles eines nach dem anderen ändert und nicht alles auf einmal. Der Mensch braucht immer so viel Beständigkeit wie möglich und verträgt nur wenig Wandel auf einmal.

Wunderbar und vorbildgebend sind die großen Geschichten, wie die von Christian Vater; aber auch die kleinen, die wie zufällig neben uns passieren. Seien es die vielen mutigen Menschen, die sich – trotz täglicher katastrophaler Wirtschaftsnachrichten – im Stillen selbstständig machen, um ihren eigenen Weg zu gehen. Oder seien es die Human Brands, die sich fürs Glücklichsein und gegen materiellen Wohlstand entscheiden und ein Buch darüber schreiben wie Karl Rabeder. Der gebürtige Oberösterreicher war Geschäftsführer seiner eigenen Firma mit zeitweise bis zu 400 Mitarbeitern und verdiente mit Wohnzimmeraccessoires Millionen. Bis er alles verkaufte und mit dem Erlös eine Organisation für Entwicklungshilfe aufbaute. Sie vergibt über eine Internetplattform Kleinkredite an Arme in Mittelamerika, damit sie sich ihren Lebensunterhalt selbst verdienen können. Das Foto auf dem Buch zeigt Rabeder im Karohemd auf einer Sommerwiese stehend, in die weite Bergwelt schauend. Keine besondere Herausstellung hat dieser Mann, könnte man auf den ersten Blick meinen. Dabei ist der Beitrag zur Gesellschaft dieses erdverbundenen Vermittlertypen ein besonders wertvoller und eine Herausstellung par excellence. Außerdem: Nie wieder Nadelstreifen und Big Business für ihn; zumindest nicht im Konferenzraum. Lieber Tatkraft im Karohemd bei der Finanzierung einer Fahrradriksha oder einer Ledergerberei. Dieses Business kann even bigger sein.

Die Kleidung lässt nur bedingt auf den Menschen schließen, und das ist gut so. Viel eher sollte der Mensch auf seine Kleidung schließen und beruflich das tun, bei dem er sich kleiden darf, wie er ist und wie er will. Dabei bedingt das eine das andere: Wer tut, was er wirklich will und sich kleidet, wie es seine Persönlichkeit unterstreicht, der wird schnell feststellen, dass das ziemlich gut zusammenpasst. Das bringt ihm dann auch die Sicherheit, dass er immer gekleidet, aber niemals verkleidet ist.

Modul Freunde/sozialer Kreis

Gleich vorweg: Machen Sie so wenig SM wie nötig und nicht so viel wie möglich. Klingt wie Sadomaso, meint aber Social Media und ist irgendwie das gleiche: ganz schön sonderbar, manchmal sogar abartig. Soziale Kontakte braucht jeder Mensch, aber Social Media braucht keiner. Stattdessen brauchen wir sauberes Trinkwasser, genug Kindergärten und ordentliche Schulen und medizinische Versorgung für alle. Aber jetzt ist Social Media nun mal da, und es ist wie mit Handy, Navi und dem Selbsteinchecken am Flughafen – alle machen mit. Wenn wir es nicht täten, würden die Errungenschaften wieder abgeschafft, aber man will draufbleiben auf dem Karussell des Lebens (und da auf dem tollen Tiger sitzen und nicht auf der blöden Gans). In ist nur, wer drin ist.

Es gibt Leute, die verbringen jeden Tag mehrere Stunden auf Facebook oder Xing. Sie haben keine Zeit mehr für das wahre soziale Leben. Sie sind zwar erreichbar, aber dennoch sozial isoliert. Bacardi (auch bloß Rum, aber eine tolle Marke) hat seine Brand umpositioniert und ist weggegangen vom karibischen »Bacardi Feeling«. Jetzt sagen sie in der Werbung so treffend wie zeitgeistig: »Deine Offline-Freunde vermissen dich« oder auch »Ausgehen ist das neue Einloggen«. Wie wahr, und so sind wir dahin gekommen, dass es nicht nur Selbsthilfegruppen für Alkohol- und Spielsüchtige, sondern auch für Internetabhängige gibt. Wer selbst betroffen ist und bei Facebook haufenweise »Selfies« hochlädt, das sind die gruseligen Selbstporträts, der weiß, wie viel Zeit bei SM draufgeht. Aber man macht immer weiter, es ist wie früher beim Rauchen. Noch überraschter ist so jemand, wie viel Zeit er plötzlich für viel schönere Sachen hat, wenn er doch mal ein, zwei Tage loslässt. Schön, wenn man sich auf der Grundlage seiner Marken-Persönlichkeit entschließt, kein generelles Online-Networking mit der Gießkanne – hier ein bisschen, da ein bisschen – mehr zu machen, und sich lieber ganz gezielt ein SM-Pflänzchen (ein Business-Netzwerk wie LinkedIn zum Beispiel) raussucht und das dann ganz gezielt und regelmäßig mit Botschaften gießt, die auf seine Marke einzahlen und ihre Wirkung mit jedem Mal ganz bestimmt verstärken.

Gruselig ist auch, dass alles, was den Weg ins Web gefunden hat, dort auch bleibt. Es ist wie mit den Tattoos – das Zeug geht einfach nicht mehr weg. Nicht nur der potenzielle neue Chef weiß also gleich Bescheid über längst vergangene Rauf- und Sauftrips durch die Junggesellenabschiedsmetropolen, sondern auch das gesamte Stockwerk im Seniorenstift, wenn einem der technikaffine Opa zum 80. Geburtstag die liebevoll zusammengeklickten SM-Untaten aus dem langen und erfüllten Online-Leben reinreibt. Mal ganz unter uns: Das will doch kein Mensch! Auch deshalb kann es spannender, attraktiver, neugierig machender sein zu erzählen, weshalb man nicht bei Facebook ist. Und die wahren Freunde, die einem in tiefer Nacht die Taschentücher bringen, wenn das Herz mal wieder eine miese Gegend ist, findet man dort sowieso nicht. Wer bei der Frage, wie viele wahre Freunde er im echten Leben hat, auf keinen einzigen oder mit Mühe auf einen oder zwei kommt und dann feststellt, dass diese wahren Herzenswärmer länger schon verschollen sind, sollte sich was überlegen: die Freunde ganz spießig zum Offline-Abendessen einladen und die ganze Online-Nummer im Rahmen der klaren Vereinbarung mit sich selbst auf zweimal 30 Minuten die Woche zu begrenzen. Zum Beispiel. Mit Kindern macht man das ja auch, was Fernsehen, Spielekonsole und Tablet angeht. Hier sind wir selbst noch Kinder (oder wieder), da braucht es dann genauso klare Regeln. Wo wir gerade dabei sind: Wussten Sie, dass Ihr Smartphone nicht bloß einen »Flugmodus« hat, sondern dass man es sogar echt ausschalten kann? Dann macht es keinen Mucks, weder bei einer eingegangenen SMS noch bei einer WhatsApp-Nachricht noch bei einer Mail noch bei einer Skype-Nachricht noch bei einem Anruf. Echt nicht! Bei der Amtseinführung von Papst Benedikt XVI. sah man 2005 auf dem Petersplatz in Rom, von ganz hinten fotografiert und der neue Papst winzig klein ganz da vorne, noch ein Meer an jubelnden Menschen, die Arme zum Winken weit gestreckt. Bei der Einführung von Papst Franziskus 2013 zeigen die Fotos aus derselben Perspektive Tausende erleuchtete Smartphones in den hochgestreckten Armen der jubelnden Menschen: Hauptsache, ich poste in Echtzeit, dass ich live dabei bin. Freuen kann ich mich dann später.

Ganz wichtig bei Social Media ist, der Anonymität des Netzes nicht auf den Leim zu gehen: Wer ein überzogenes Bild von sich abgibt, noch dazu in den schönsten Klamotten, weckt überzogene Erwartungen. Das rächt sich, wenn aus Online-Bekanntschaften reale werden, mit Haut und Haaren und allen fünf Sinnen. Beim Date im Kerzenschein und einer gewissen Notkommunikation stellt sich oftmals ziemlich schnell heraus, dass Brad Pitts legitimer Bruder in dem coolen T-Shirt mit der vielversprechend gut sitzenden Jeans in Wirklichkeit Quasimodos ehrgeizige Rache an der nachfolgenden Generation ist. Von wegen cool, trendy, hip – da sitzt einer mit Sweatshirt und Hochwasserhosen, und die Schuhe wurden zum ersten und letzten Mal in der nordkoreanischen Fabrik geputzt. Grottoid, ein schönes Modewort, hier passt es. Was für eine unüberbrückbare Lücke zwischen Selbstbild und Fremdbild. Auch hier gilt: Was nicht echt ist, ist falsch. Deshalb sollte der Typus Vermittler und Erdverbundener genauso wie der Perfektionist und Elegante und die anderen vier Mode-Typen immer, online wie offline, so rüberkommen, wie er wirklich ist. Für die scharfkantig gebügelte Flanellhose des einen spricht genauso viel wie für den taubenblauen Dreiteiler des anderen. Für alles gibt es Freunde und Liebhaber, bloß möchte jeder berechtigterweise gleich wissen, woran er ist.

Auch Online-Branding ist nicht Zufall, sondern harte Arbeit. Deshalb braucht es auch dafür, wie für alle anderen Aktivitäten, einen Plan. Wer den hat, lässt das Mittagessen-Posten sein und das elende Geschimpfe über die Bahn gleich mit. Stattdessen kann man auch hier viel sagen, ohne viel zu sagen: Die richtigen Botschaften im richtigen Moment, nadelstichhaft gesetzt, machen Social Media zur wahren Kommunikation, bei der das Ergebnis die Absicht sogar noch übertrifft. Wir kommunizieren, um uns ins rechte Licht zu rücken, um Aufmerksamkeit zu erheischen, Menschen kennenzulernen und Freunde zu gewinnen, gemocht und eingeladen zu werden, Freude und Spaß zu haben. Vergessen Sie das nicht, wenn Sie nächstes Mal versucht sind, ihre neue Schrankwand abzulichten und ins Netz zu stellen. Die findet niemand ansatzweise so schön wie Sie; deshalb ist es ja auch Ihre und nicht die der anderen. Bitte bewahren Sie sich das als Ihr kleines Geheimnis.

Im wahren Leben geht auch eine Menge beim Marke-Erlebbar-Machen. Wo man echte Menschen trifft und sie gleich mit allen Sinnen und nicht nur mit dem Sehsinn wahrnimmt. Gut, wenn Sie sich immer wieder aufraffen, ein paar von diesen Exemplaren zu begegnen. Gern auch neuen, unbekannten. Das Risiko, dass es schiefgeht, ist nicht so groß, wenn Sie ein paar Dinge beachten. Viele Zeitgenossen machen es insofern falsch, als sie den flüchtigen Bekannten auf der Vernissage, dem Afterwork-Clubbing, der Modenschau ein genauso flüchtiges »Hallöchen« zuhauchen und sich ansonsten dem Dasein als Buffetfräse widmen und miesepetrig rumstehen. Das war's. Dabei ist es die Gelegenheit schlechthin, die neue Marke in freier Wildbahn zu leben – den ollen Strickmantel daheim zu lassen (im Sack für den Secondhand-Shop macht er sich am allerbesten!) und stattdessen die wahre Persönlichkeit im neuen Gewand zum Strahlen zu bringen. Schon das kann für Gesprächsstoff sorgen. Aber die Angst vor der Schockfrage bleibt: »Und was machen Sie so?« Profiliert ist es dann, wenn Sie die Schultern leicht nach hinten durchdrücken und so stilsicher wie stilecht ganz pointiert und überraschend antworten, wie man es niemals erwarten würde – auf keinen Fall mit dem, was Sie beruflich machen: »Ich bin Anwalt, Scheidungsrecht und so, das ist krisensicher, geschieden wird immer, wissen Sie, hahaha.« Oder: »Ich habe Architektur studiert, aber da findet man ja nichts Gescheites, ich bin jetzt Bauzeichner, ich hab das mit der Architektur aufgegeben, ist ja sowieso schlecht bezahlt.« Schlimm, solche Aussagen, da möchte man nach der peinlichen Gesprächspause am liebsten zurück in den Bauch seiner Mutter. Zumindest schreit der Fragensteller erst innerlich und verabschiedet sich dann knapp mit den Worten »Wir sehen uns später noch« auf Nimmerwiedersehen zum Schokoladenbrunnen ganz hinten in der Fressecke für frustrierte Netzwerker.

Sagen Sie also nicht, was Sie von Beruf sind, sondern sagen Sie, was Sie machen. So lautete die Frage. Jetzt ist die Gelegenheit, saustark rüberzukommen und den Weg für eine Freundschaft fürs Leben oder, mit einem neugierig machenden Türöffner, für eine wertvolle berufliche Verbindung zu ebnen. Erzählen Sie eine tolle Geschichte, zum Beispiel diese: »Ich komme grade aus dem Garten, habe schnell noch die Schnecken eingesammelt. Sie glauben gar nicht, wie schnell die immer wieder da sind. Vielleicht liegt es daran, dass ich die nicht in Fallen mit Bier ersäufe, das lieben die ja, das Bier meine ich, nicht das Ersäuft-Werden, eine Schnecke ist ja schließlich auch nur ein Mensch, sondern ich sammele sie ein und kippe den Eimer dann gegenüber ins Gebüsch, aber ich habe den Verdacht, die sind auch nicht blöd, und am nächsten Morgen sind sie alle wieder da auf dem Salat.« Streichen Sie sich, während Sie Ihre treffendste Geschichte auf diese treffende Frage erzählen, selbstbewusst durchs Haar oder, noch besser, drehen Sie währenddessen diese wunderschöne ausgefallene Brosche zurecht, die Sie jetzt immer öfter tragen und die immer mehr zu Ihrem Markenzeichen wird. Und zeigen Sie, wenn es tatsächlich eine Geschichte aus dem Nutzgarten ist, Ihre schwieligen Hände her, da ist sogar noch etwas Dreck unter den Fingernägeln. Daran wird man sich morgen auf jeden Fall erinnern, auch wenn man Ihren Namen nicht mehr parat hat.

Jetzt kommt der Moment der Wahrheit: Der Mensch gegenüber blüht auf, wird ganz weich und warm und bekommt glänzende Augen. Endlich begegnet er einem echten kompromisslosen Gartenfreund, wie er selbst einer ist. Das folgende Gespräch über Melisse und Schafgarbe und Butternusskürbis und Walderdbeere dauert bis tief in die Nacht, das opulente Buffet gerät in Vergessenheit und das Thema wird in der Folge im Kreise weiterer so spießiger wie gleichzeitig zeitgeistaffiner Kleingartenfreunde vertieft, ein Kleingärtnerleben lang. Freunde fürs Leben, wie schön. Oder das Gegenteil geschieht und der Fragesteller räumt nachhaltig verstört das Feld. Beides ist in Ordnung: Im deutschen Sprachraum gibt es ca. 100 Millionen Menschen, und wenn man die ganz jungen und die ganz alten abzieht, bleiben viele Millionen potenzielle Freunde und Bekannte über. Da gibt es unter Garantie die Handvoll echter, wahrer Freunde und die paar Dutzend schätzenswerter Bekannter, die der Mensch braucht, die ihn wirklich nehmen, wie er ist, die seine Leidenschaften teilen, ihn einladen und um Rat fragen und vor der Einsamkeit bewahren. Sie als Marke werden sie finden.

Alternativen fürs Geschichtenerzählen als Antwort auf die Schockfrage, damit Sie auch auf den Geschmack kommen und die Geschichte formulieren, die genau Ihre Marke besonders gut erlebbar macht:

- »Ich habe vorhin noch den Keller aufgeräumt, wissen Sie, einmal im Jahr muss das ja sein, und heute war es so weit, das ist wie mit dem Friseur, wochenlang ist alles gut und ganz plötzlich muss ich sofort zum Friseur, am besten mit Blaulicht, sonst ist der ganze Tag im Arsch. Also, beim Kelleraufräumen habe ich den endlich wiedergefunden, diesen kleinen Schlüssel, den man braucht, um bei den Heizkörpern die Luft rauszulassen, damit die nicht immer so gluckern, das macht mich ganz wahnsinnig. Ich war dann heute ganz glücklich und bin durchs ganze Haus und habe alle Heizkörper entlüftet und dann habe ich mich gleich mal eine Stunde hingelegt, war das eine himmlische Ruhe auf einmal, und dann habe ich verschlafen und heute Abend war ich zu spät, sei's drum, jetzt bin ich ja da. Und Sie, was machen Sie so?«

○ »Ich war vorhin schon viel zu spät dran und zum Schluss wollte ich gar nicht mehr kommen, das kennen Sie bestimmt auch, das Vor-Dem-Kleiderschrank-Stehen und im Grunde quellen alle Schubladen über, aber Sie finden beim besten Willen nicht das, was Sie jetzt anziehen wollen, es ist zum Verzweifeln, so ging es mir heute Abend und jetzt habe ich beschlossen, den ganzen Kram endgültig rauszuschmeißen, ich will mich sowieso outfittechnisch neu aufstellen und mir nur noch Sachen kaufen, die mir gefallen und nicht den anderen und die meinem Typ entsprechen und nicht irgendwelche Erwartungen von irgendwelchen Leuten erfüllen sollen, heute fange ich damit an und Sie können jetzt mit mir einen trinken auf den letzten Tag mit meinem grauen Hosenanzug. Scheiß der Hund drauf, habe ich mir vorhin gesagt, ich mach ein Fest draus und ziehe jedes dieser Teile ein letztes Mal an und trinke einen auf jedes, und dann feiere ich gleich nochmal, wenn ich sie im Altkleidercontainer beerdige. Und Sie, was machen Sie so?«

So oder so ähnlich ernten Sie mit Sicherheit große Augen und einen erstaunt offenstehenden Mund dazu. Richtig so! Ob es dann in die eine (Sie haben einen echten Fan) oder in die andere Richtung (Sie haben einen echten Ablehner) geht, werden Sie sehen. Auf jeden Fall wird es nicht so lala, und darum geht es. Für den Fall des neuen Ablehners – sei's drum, das Publikum und der Saal und die Stadt und das ganze Land und die ganze Welt sind groß genug dafür, dass auch Sie mit Ihren Besonderheiten, Eigenheiten, Schrulligkeiten, Vorzügen, Meinungen und Markenzeichen genau die Menschen treffen, die Sie verdienen und – Achtung, doppeldeutig! – die Sie verdienen. Alle anderen sind für die anderen.

In jedem Fall lohnt es sich zu überlegen, welche Netzwerke Sie brauchen. In Zeiten, in denen es das ganze Informelle gibt, braucht es von dem Formellen nicht mehr so viel. Rotary- und Lions-Club, Round Table und Wirtschaftsjunioren – alles gut und schön, aber viele Verbindungen entstehen heute lockerer und ungezwungener. Es ist wie beim Fernsehen: Da gibt es nicht mehr nur zwei oder drei Programme, sondern mindestens zwei für jede Zielgruppe, jede Neigung und jeden Geschmack und sowieso alles auf Abruf. Genauso stellt man sich ein Networking-Programm zusammen, wie es am besten passt und ohne den ganzen Schnickschnack drum rum, der nur Zeit frisst und nervt. Dabei spielt auch eine große Rolle, wo man sein darf, wie man ist; wenn's sein muss, auch im Gary-Glitter-Gedächtnis-Glanzanzug. Warum sollen genau die sich nicht zusammenrotten und genau an der Schnittstelle ihrer gemeinsamen Neigung nicht das Networking machen, das die bereichert, die Gary Glitter geil finden? Vielen Leuten, vielleicht auch Ihnen, spielt da in die Karten, dass vieles von dem, was früher spießig und altmodisch war, heute immer noch spießig und altmodisch und genau deshalb so en vogue ist: Gemeinsam Bücher lesen und drüber diskutieren, einen privaten Kochclub mit Einladungen reihum gründen, endlich die geheime Neigung ausleben und stricken lernen, die Kumpels zum Modelleisenbahnspielen einladen, an der Volkshochschule den Kursus »Bretonisch für Einsteiger« buchen … Was immer Sie wählen, es kommuniziert auch Ihren Charaktertyp. Da gibt es genug für den Kreativen und genug für den Vermittler und genug für den Feuertyp, immer ganz etwas anderes. Die Opernfreunde für den Eleganten, Geocaching für den Abenteurer, Hundedressur für den Erdverbundenen. Niemand muss sich dann mehr verstellen, weil die anderen so drauf sind wie er selbst. Und Peinlichkeiten gibt es auch keine.

Viele Menschen machen das schon immer so. Die haben noch nie was gehört von Human Branding und es klappt von Natur aus wunderbar mit den Freundschaften und den richtigen sozialen Kreisen. Wer damit aber noch nicht so reich gesegnet ist, hat mit seiner Marke jetzt den guten Rahmen dafür. Allen gemeinsam ist, dass sie beim wahren Socializing sehr schnell herausfinden, wer oder was wahre Freunde wirklich sind. Es sind laut Steffi Graf diejenigen, die sogar nach einer ordentlichen Steueraffäre kompromisslos zu einem stehen: »A friend in need is a friend indeed«, schrieb sie damals. Ein Freund in der Not ist ein wahrer Freund. Die paar, die sich angesprochen fühlten, waren gemeint. Wie schön. Da können Hunderttausende Twitter-Follower und Facebook-»Freunde« nicht mithalten.

Modul Partner/Beziehung

Hugh Jackman war mal, zumindest sagten das die kenntnisreichen Fachleute vom US-Magazin People, der »sexiest man alive«. Für viele ist er das immer noch und sowieso für immer. Dabei ist der Titel für alle, die mehr von »Wolverine« wollen, absolut vergebens: Der Mann ist seit 17 Jahren verheiratet und noch dazu, Schockstarre bei den superknackigen weiblichen Fans, mit einer vierzehn Jahre älteren Frau, der Schauspielerin Deborra-Lee Furness. Saublöd, wenn da so gar nichts geht mit dem sexiest man alive, noch nicht mal in der kühnen Vorstellung. Viele Frauen finden das überhaupt nicht nachvollziehbar. Es sei denn, man steht auf Love Handles, die die Alte sicherlich schon hat. Umgekehrt, liebe Leserinnen, wird ein Schuh draus: Seit Tausenden Jahren dürfen sexy junge Frauen ungestraft normal ansehnliche alte Männer haben. Aber ein sexy Mann eine vierzehn Jahre ältere Frau? Genau, geht inzwischen auch, und das ist gut so.

Wenn es denn so ist, könnte man es Liebe nennen. Dieser Jackman muss nicht bloß deshalb ein Vermittler und Erdverbundener sein, weil er wohl tatsächlich nicht fremdgeht und in dem Punkt die Begehrlichkeiten der Klatschpresse nicht bedient. Dazu kommt, dass Wolverines Frau zwei Kinder hat, die nicht einmal von ihm sind und um die er sich auch noch väterlich kümmert, wenn die alte Mama schauspielert. What a man!

Schön erdverbunden und gegen den Trend ist das. Muss doch der zeitgemäße Star der landläufigen Meinung zufolge immer noch ordentlich viele Beziehungen gleichzeitig pflegen und dabei, was die Dauer angeht, sehr flexibel die Bandbreite von zehn Sekunden bis zehn Jahren abdecken. Sonst kann man nicht mitreden auf den Gendarmen- und Naschmärkten dieser Welt, während man Aperol Sprizz (»Verrückt nach Leben!« ist der Slogan dieses alkoholischen Erfrischungsgetränks, und dazu singt Randy Crawford mit den Crusaders im TV-Spot vom unnachahmlich locker-leichten Aperol-»Street Life«) vollverspiegelt gegen die Abendsonne in sich rein strohhalmt. Vielleicht aber doch. Selbst in Hollywood gibt es Beständigkeit, bis dass der Tod sie beendet, und es ist nicht wahr, dass da alle Hallodris sind rund um den Rodeo Drive. Die vielen Beständigen, Langweiler und Spießer sind vielmehr No-Nos für die Medien. Wir erfahren nichts über deren beständig-langweiliges Spießerleben und bekommen stattdessen zu hören, wir müssten beim Nacktsingen Abrissbirnen ablutschen wie Miley Cyrus oder uns als Pfau verkleidet auf der großen Bühne fortwährend ans Gemächt fassen. In der Zeitung steht selten bis nie von Zwischenmenschlichem zu lesen, das ganz problemlos einfach nur funktioniert. Eine Ehe zum Beispiel. Oder eine Liebe. Oder beides auf einmal. »Bad news are good news, and good news are no news«, lernt man schon auf der Journalistenschule, und die Koryphäen, die einem das da reingesungen haben, sieht und liest man seither ständig in der notleidenden Qualitäts-Wochenpresse und im Mittelschichtsfernsehen all die bad news dieser Erde verkünden. Was Sie auch für ein Charaktertyp sind, in der Liebe sind alle Menschen gleich. Deshalb einmal zum Mitschreiben: Lassen Sie sich bloß nicht einreden, sie müssten ordentlich viele Blütenkelche ansummen und immer ordentlich Rumbestäuben, um in zu sein.

Auf Partnerschaftsfragen kennt die Marke viele Antworten. Stehen da im Marken-Ei, in Herausstellung und Gesellschaftsbeitrag Werte wie familienorientiert, zugewandt, freundschaftlich, balanciert, ausgeglichen, sportlich, ist das in Bezug auf den Herzenswunsch ein völlig anderes Fundament, als wenn da etwa ehrgeizig, pushy, getrieben, karrierebewusst, kosmopolit oder extrovertiert steht. Auch hier: Das eine ist nicht besser als das andere, nur anders. Und es gibt wesentliche Hinweise darauf, wer zu einem passt. Nämlich dieser eine Mensch unter ganz vielen, bei dem ähnliche Werte im Vordergrund stehen. Mit der Erkenntnis kann man sich den Einstiegstest bei der Online-Singlebörse sparen. Oder gleich den ganzen Onlinepartnersuchquark, weil es sie noch gibt, die Offlineperle – man muss nur erst spüren, wonach man sucht, und dann den Hintern hochnehmen von der Fernsehcouch und raus, unter echte Leute. Auch die Entscheidung, ob sie lieber Berufs- oder Herzenskarriere machen, fällen Sie auf der Basis Ihrer Human Brand. Wenn die Wahl für eine getroffen ist, ist das ebenfalls ausschlaggebend für die Partnerwahl, weil es den Anteil der Zeit, in der man etwas für Geld macht (Traditionalisten nennen es »Arbeit«) ins Verhältnis zu der Zeit setzt, in der man etwas macht und dafür Geld ausgibt (sie nennen es »Freizeit«). Wenn dann dieser eine andere Mensch ganz grundsätzlich vom gleichen Charaktertyp ist, dann ist schon viel gewonnen auf den ersten Metern des langen gemeinsamen Wegs. Der Tiefsinnige und die Entertainerin, die Erdverbundene und der Extrovertierte passen eher nicht zusammen, wobei die Ausnahme auch hier die Regel bestätigt und das Herz manchmal Wege nimmt, die der Verstand nicht kennt.

Früher lernten sich die Menschen beim Ringelpiez mit Anfassen auf der Kirchweih kennen und lieben. Auf dem Tanzboden küssten sie sich, auf dem Heuboden teilten sie ihre Liebe intensiver und mit etwas Glück war der erste einer Handvoll kräftig zupackender Nachwuchsstallburschen dann bereits unterwegs. Gut so, denn Hochzeit war im selben Herbst und vorher legte man die elterlichen Höfe zusammen. Und gut war's, bis ins Austragshäusl. Allerdings wollte meist keiner sehen, am wenigsten die Eheleute selbst, wie der Zahn des Alltagstrotts an der Beziehung nagte. Oftmals blühte der eine so richtig wieder auf, sobald der andere ins trockene Gras gebissen hatte. Während man sich früher vor lauter Arbeit gar nicht hinterfragte, gehen Paare heute oftmals direkt auseinander, wenn es problematisch wird. On- wie offline gibt es ja genug Ersatz! Meist wird es dann zwar nicht besser, sondern anders doof bis schlimm, aber wer hört das schon gerne.

Liebe erfordert fortwährendes Engagement (Arbeit muss man es nicht nennen). Das Leben ist hart und das Liebesleben sowieso. Deshalb ist es gut, dass sich Paare immer wieder von Menschen unterstützen lassen, die das von Berufs wegen tun (Therapeuten muss man sie nicht nennen). In weniger entwickelten Ländern wären viele Menschen glücklich, sie hätten diese Möglichkeit auch. Wobei man in Indien den ganzen Tag damit beschäftigt ist, dafür zu sorgen, dass es abends was zu essen gibt; da bleibt keine Zeit, sich zu fragen, ob was Neues aus dem Internet vielleicht doch die bessere Wahl wäre.

Entsprechend der Marken-Persönlichkeit ist es auch wichtig herauszufinden, ob man überhaupt eine Beziehung will. Vielleicht stimmt es ja, dass der Mensch gar nicht für die dauerhafte Zweisamkeit gemacht ist. (Die meisten Tiere sind es ja auch nicht.) Wofür ist er dann gemacht? Vielleicht fürs Alleinsein, durchaus, aber ganz bestimmt nicht für die Einsamkeit. Alles kann, nichts muss; auch hier und nicht bloß im Swingerclub. Besonders Großstädter müssen überhaupt nichts mehr: Eine Studie über »Singlehauptstädte« folgt der nächsten, und da heißt es dann, dass 40% der unter 35-Jährigen keine Beziehung haben. Aussagewert null, denn wenn es ums Glücklichsein geht, kann niemand pauschal sagen, ob es die armen/beneidenswerten Singles oder die beneidenswerten/armen Verpartnerten sind. Die Kultserie mit den Fashion Addicts macht es vor: vier Ladys im Großstadtdschungel, vier Beziehungstypen.

- Samantha: bloß keine Beziehung, Monogamie ist pathologisch und der Sex in the City das wichtigste Merkmal einer gesunden Partnerschaft.
- Miranda: hauptberuflich Karrierefrau, die tougher als jeder Mann sein muss, um als Anwältin Erfolg zu haben und, eher zufällig als geplant, ins Familienleben stolpert; Bock drauf hatte sie eigentlich nie.
- Charlotte: möchte vor allem Herzens-Karriere machen und hört bei jeder noch so kurzen Kurzzeitbeziehung sofort die Hochzeitsglocken läuten.
- Carrey: der Prototyp des modernen Singles. Statt für Dates gibt sie ihr Geld lieber für Schuhe aus und sucht nicht krampfhaft nach einer Beziehung. Wenn es dann

doch passiert, geht es bis ins Mark und wirkt dann eher manisch als lustvoll.

Gut gekleidet, mehr oder minder, sind sie alle. In welcher der vier Situationen Sie am liebsten wären? Das spüren Sie, wenn Sie immer besser wissen, wofür Sie brennen, wer Sie überhaupt sind und was Sie vom Leben wollen. Alles auf einmal geht nicht. Und es gilt, dass die meisten Paare sich immer noch in jungen Jahren kennenlernen und sehr gern zusammenbleiben, bis einer stirbt; dann blüht der Übriggebliebene auch nicht auf, sondern trauert, wie es sich gehört. Fragen Sie sich bei Partnerschaftsstudien deshalb immer, welche Online-Singlebörse dahintersteckt. Das relativiert ganz ordentlich und versaut Ihnen nicht den ganzen schönen neuen Tag in Ihrem schönen Singleleben.

Stil und Outfit spielen beim Thema Partnerschaft und Beziehung auf den ersten Gedanken eine untergeordnete Rolle; auf den zweiten Gedanken ganz und gar nicht. Kleider machen auch hier Leute und wie man angezogen ist, hat – zusammen mit weiteren wichtigen Faktoren wie Geruch (nicht nur der aus dem Mund), Ausdrucksweise (von betont gepflegt bis aus der Gosse), Dialekt (von Saarländisch bis Wienerwäldlerisch), Körpersprache (von rudernd wie Michael Phelps beim Butterfly bis irgendwie schon klinisch tot), Bildung (von volkstümlich bis hardcore-intellektuell), Hobbys (vom Brieftaubenschlag bis zur Fruchtfliegensammlung) und etlichem mehr gehörige Auswirkung auf ein klar vernehmbares Ja oder ein ebenso klar vernehmbares Nein beim ersten Date. Beides ist wertvoll und zeugt von Aufrichtigkeit, Ehrlichkeit, Klarheit. Gehen Sie ruhig getuned zum Date, aber machen Sie niemanden aus sich, der Sie nicht sind. Das ist nicht nur unecht und damit falsch, es wird auch in der Folge schnell enttarnt, wenn entweder der neue Schatz ehrlichen Einblick in Ihren Gruselkleiderschrank nimmt oder, nach der

Verliebtheitsphase, der Ehrgeiz des stilvollen Verkleidens nachlässt und Adiletten und Polohemden die Lufthoheit im Ankleidezimmer zurückerobern. Stehen Sie von Anfang an, nach der kritischen markentechnischen Überprüfung, zu Ihrem Stil – und wenn es die bordeauxroten Slipper mit den Ledertroddeln sind oder das Kostümchen mit den gestickten Röschen am Bündchen. Der Mensch gegenüber wird sie auf den zweiten Blick auch dafür lieben, wenn es passt. Mehr Klarheit geht nicht und umso mehr Freude macht es dann, Zeit, Energie, Nerven, Tränen und Geld in eine Beziehung zu investieren. Mit der dann ziemlich berechtigten Aussicht darauf, dass sie länger läuft als ein VW-Käfer.

Modul Hobby/Freizeit

Unwissende fragen sich, was da mitten in München an der kleinen Brücke beim Haus der Kunst abgeht, wo sich die Touristen mit den Kameras drängeln. Wenn es nicht friert, sind unten die Jungs in den Gummianzügen mit ihren Boards an der großen Welle im Eisbach, und oben gafft die Meute. München hat sich über die vergangenen Jahrzehnte zum internationalen Surfer-Hotspot entwickelt. Sogar ein cooler Film (»Keep Surfing«) wurde gedreht. Die Eingeborenen wundern sich schon lange nicht mehr, wenn gebräunte Typen in modischem Neopren in den Bus steigen, das Brett lässig unterm Arm und die Monatskarte für den Bus im wasserdichten Gesäßtäschchen und sich derart verhaltend, als wäre das alles ganz normal. Ist es ja auch.

Wundervoll, wenn man ein richtiges leidenschaftliches Hobby hat. Die Menschen wissen dann gleich Bescheid, wenn sie über einen reden: Das ist doch der coole Wellenreiter vom Eisbach! Genau der, und wenn ihnen der Name des Reiters auch entfällt – seine Leidenschaft und sein Gesicht, also das, was ihn wiedererkennbar macht, vergessen sie nicht. Damit hat der Typ ein Gesicht in der Menge der ganzen genormten Gesellschaftsteilnehmer, die nicht glauben mögen, dass Surfen bei null Grad Celsius sexy ist. Alle wissen gleich, wer gemeint ist, und man kann grob ableiten, welche seine Markenwerte sind – leidenschaftlich, draufgängerisch, lässig, leichtfüßig, behände, vorweggehend, darstellend, selbstbewusst, geschickt ... Das ist schon ein schönes Stück positionierend und macht ein bisschen einzigartig. Auch wenn Sie nicht der Surfer-Typ sind und lieber daheim mit dem Meersalz-Badezusatz und dem Gummitier die Wanne teilen, haben Sie das Zeug dazu, Ihr Hobby und Ihre Leidenschaft so kompromissfrei auszuleben, dass es Ihnen Kraft und Energie gibt und Freude bereitet und zudem noch Ihre Marken-Persönlichkeit beim Wirken unterstützt. Über denjenigen, der gar nicht anders kann, als dreimal die Woche in der Wanne zu floaten, zu meditieren, zu hirnen oder was auch immer, redet man genauso gern wie über einen Stadtbachsurfer. Auch der hat etwas, ohne das er weder leben kann noch will, und das haben die wenigsten. Wie schade, wo es auch ein Leben vor dem Tod gibt und jeder die Wahl hat zwischen dem Leben und dem Gelebtwerden.

Was ist Ihr Ding? Was ist das, was Sie sich in Ihrem Persönlichen Entwicklungsplan fest vornehmen und dann regelmäßig in die Tat umsetzen? Es kann die Surferwelle und die Badewanne genauso sein wie der Badesee, die Töpferscheibe, die Nähmaschine, die Schlagbohrmaschine, der Konvektor (das Teil, mit dem man anfangen kann so zu kochen wie Sarah Wiener), die Hebebühne, der Bunsenbrenner (macht eine tierisch gute Crème brûlée und ist das wichtigste Utensil des leidenschaftlichen Glasbläsers), die Modelleisenbahn, Bretonisch lernen oder Murmeln sammeln. Wichtig ist, dass Sie etwas Sinnhaftes anfangen mit der Zeit, in der Sie nichts müssen müssen, aber alles können können. Das braucht der Mensch. Was es für Sie ist, davon haben Sie vermutlich im Laufe Ihres Markenbildungsprozesses eine genauere Vorstellung bekommen. Je klarer die ist, desto weiter weg kommen Sie von all den Dingen, die bloß hip und trendy, aber eben nicht Ihr Ding sind. Dazu gehören, beispielsweise und vermutlich immer mehr, auch: Fernsehen, Facebook, Malediven, Jakobsmuscheln, Bungeejumping, Backmischung, Shoppen, Vielfliegermeilen, Lästern, Wellness ... Verstehen Sie das gern als unverschämte Provokation und schleudern Sie es doppelt kräftig zurück. So entsteht Reibung, Diskussion, guter Streit, und guter Streit ist positiv beim Leben der Marke. Er setzt Energie frei, erhöht den Blutdruck und man kann sich wieder spüren. Eventuell ist doch die während des Maledivenurlaubs auf Facebook gepostete sautierte Jakobsmuschel, auf dem Lovebed mitten in der Brandung serviert, genau das, was Ihr Leben reicher macht. Dann ist es ja gut. Zählen Sie einmal auf, was Ihnen so viel Freude macht, dass es eigentlich für zwei Leben reicht: Lieblingsbekannte, Familie, Freunde, selbst gekochtes Essen, schöne Wohnung, Seen, Berge, zeitgenössische Kunst ... Machen Sie es schriftlich und wählen Sie dann drei davon aus.

Und wenn Sie auch mal Weltmeister sein wollen, dann werden Sie einfach Weltmeister im Sachen-Weglassen. Das klappt garantiert: Da gibt es Leute, die leben in Salzburg und hassen die Berge, sie sind regelrecht montanophob. Sie lassen die Berge konsequent raus aus ihrem Leben und sagen kategorisch nein, wenn einer eine Hüttentour vorschlägt. Und wenn sie ganz emotional aufgeladen von ihrem Berghass erzählen, ist es mindestens so spannend und unterhaltsam wie wenn Reinhold Messner von seiner großen Liebe zu den Bergen erzählt; weil es genauso echt, ehrlich, pur ist und genauso von Herzen kommt. Beides ist gelebte Marke. Andere Leute hassen das Wandern, aber sie lieben knarzende Treppenstufen und karierte Bettwäsche. Dann laufen sie nicht, sondern fahren meilenweit, mit ihrem geländegängigen Offroader bis vor die Mooseralm des Vertrauens, im

Zillertal immer weiter und am letzten Ortsausgang rechts, dann wieder immer weiter und ganz hinten ganz links, ganz steil rauf zu der Herberge, wo die Kaspressknödel Weltklasse sind. Dafür nehmen sie sogar in Kauf, dass der Laden auf dem Berg ist.

Hören Sie auf mit dem Snowboarden, wenn Sie das nur machen, weil man das so macht und weil man glaubt, mitschnabeln zu müssen am Montag nach Ostern, wenn sich die Kollegen in der Kaffeeküche über »Champagne-Powder in den Rockies« oder sonstigen Bullshit austauschen. Damit meinen sie den feinen Pulverschnee in dem Gebirge irgendwo hinter Denver, Colorado. Wenn Sie zu denen gehören, die nie begreifen werden, weshalb es Freude macht, sich auf einem Bügelbrett ins Tal zu stürzen und mit jedem Mal signifikant die Chance zu erhöhen, nicht mit einem gebrochenen Handgelenk nach Hause zu kommen, sondern mit zwei – lassen Sie es einfach bleiben. Und versuchen Sie nicht, andere zu bekehren, da prallen zwei unvereinbare Kulturen aufeinander. Das Weglassen geht auch mit dem Meer, dem Inlineskaten sonntagmittags auf dem Lidl-Parkplatz, den Flohmärkten und mit der Großstadtseuche »Nacht der Museen«. (Nur damit hier nicht bloß auf den tollen Bergen rumgehackt wird.)

Was Hobby und Freizeit mit Image und Outfit zu tun haben? Nicht besonders viel. Bis auf die Überzeugung, dass beim Skifahren diejenigen am schlechtesten die Hänge runterkommen, die die teuersten Klamotten am Leib haben (und dann auch noch in allen Blitz- und Donnerfarben). Auch hier bedeutet flacher spielen höher gewinnen. Es ist nämlich nicht so, dass der eisblaue Daunenanorak von Bogner Fire+Ice, der den Skistyle der Siebziger zitiert, zwangsläufig den Markensommer macht; sondern der, der da drin steckt und beim Stemmbogen immer so komisch den Bergski belastet. Würde er einen modischen Herren-Daunenblouson vom Grabbeltisch beim Discounter tragen, würden wir ihm die Quälerei ja nachsehen. In dem eisblauen Teil aber nicht, und konstruktives Mitleid weicht ganz schnell diebischer Schadenfreude. Was fürs Skifahren gilt, gilt genauso fürs Inlineskaten und das Dreimeterbrett: Wer die sprayerlike knielange Badeshorts anhat, muss streng darauf achten, dass es beim Bauchplatscher nach dem Salto rückwärts nicht so spritzt. Kleider machen nämlich nicht nur Leute, sie machen auch Deppen.

Die Kleidung kommt niemals zuerst: Zuerst kommt die Substanz, der Inhalt, dann kommt die Verpackung. Wer sich in der Freizeit derart akzentuiert kleidet, dass es seiner Persönlichkeit und seiner Haltung entspricht, fühlt sich in seiner Kleidung nicht nur besonders wohl und angespornt, sondern wird auch so wahrgenommen. Je stärker die Human Brand dabei ist, je stärker sie gelebt wird und erlebbar ist, je anziehungskräftiger dadurch das Image ist, desto mehr gibt all das die Berechtigung, das anzuziehen, was man unbedingt anziehen will. Dazu gehören Schrecklichkeiten wie Röhrenjeans und Button-Down-Hemden genauso wie Tribal-Jacken und Plastik-Clogs. Allerdings nicht, wenn der Markenkern »Erhabenheit« lautet, wie bei Jackie Kennedy ... Sie gehörte zu denen, die auch ohne Human Branding wussten, was sich beim Kleiden schickt. Wer intuitiv nicht so stilsicher ist, der bekommt mit der Marke hilfreiche Anleitung. Ein Markenkern »Fröhlichkeit« wie der von Thomas Gottschalk erlaubt in punkto Freizeitdress sogar alles, was gefällt. Bei ihm wird alle schlimme Schrecklichkeit zu dem, was sich der seniore It-Man vor dem Hintergrund seiner Lebensleistung erlauben darf: Cool. Der ist dann immer nicht vielleicht, sondern ganz bestimmt 'ne Marke.

6. DAS ÄUSSERE ICH

Marke ist immer das, was man hinter Ihrem Rücken über Sie erzählt. Im ersten Kapitel »Das Innere Ich« haben Sie erfahren, wie Sie Ihre Persönlichkeit fassbar machen, sie mithilfe der Markentechnik erarbeiten. Nun geht es darum, was es heißt, Ihre Human Brand konsequent zu leben und Ihren Mitmenschen nahezubringen. Auf dem Weg zu einem Menschen, der jetzt noch viel besser weiß, was er will und was er nicht will. Der dementsprechend konsequent lebt und handelt und allen als entschlossene, profilierte Persönlichkeit begegnet.

Beim Marke-Leben gibt es viele Disziplinen, die dazu beitragen, dass sie wahr wird. Hier konzentrieren wir uns auf die Bereiche Stil und Etikette sowie Farben und Bekleidung, wie Human Branding sie – neben diversen anderen – als wesentliche Erfolgsdisziplinen dafür definiert, dass aus der Marke planbarer Erfolg erwächst. (Die anderen Erfolgsdisziplinen beschreibt Jon Christoph Berndt® in seinen Human Branding Standardwerken, die Sie in der Liste der weiterführenden Literatur finden.)

TEIL 2

Kleidung als Statement

7. BEGINN EINER STILREISE …

Es war einmal ein junges Mädchen, das in einem kleinen Ort in der Nähe von Salzburg lebte und von der großen weiten Welt träumte. Sie war kein Mädchen vom Land im üblichen Sinn und legte durchaus Wert auf schöne, formvollendete Dinge und gute Kleidung. Nichtsdestotrotz, diese frühjugendliche ländliche Umgebung trug nicht wirklich dazu bei, ihr Stilempfinden und ihre Kreativität zu entwickeln. Deswegen ging das junge Mädchen nach London. Sie verbrachte ergriffen staunend endlose Stunden bei *Harrods* und setzte so ihre ersten Schritte in Richtung des Lebens »der Reichen und Schönen«. Dieses Leben kam eilends in der Person eines weltgewandten Mannes auf sie zu, mit dem sie in den nächsten Jahren zwischen London, München und Monte Carlo pendelte. Eine gänzlich neue Welt, voll Glamour tat sich dem Mädchen auf. Sie bewegte sich plötzlich in einem internationalen Milieu, konfrontiert mit verschiedenen Kulturen, Sprachen und zahlreichen offiziellen Anlässen und Veranstaltungen. Zu Beginn spürte sie meist nur blinde Panik: »Was sage ich wann wie?«, »Wie kleide ich mich für die Vernissage, für die Party im Yachtclub, für den Ball?«, »Wie esse ich Langusten?«, »Hilfe, welches Besteck nehme ich für welchen Gang?« Sie fühlte sich verloren, unsicher und teilweise vollkommen fehl am Platz. Fest entschlossen, sich nicht unterkriegen zu lassen, begann sie, alles zu lernen, was erforderlich war, um sich in dieser Welt sicher zu fühlen. Sie beobachtete. Sie lernte. Mit der Zeit lichtete sich der Dschungel an Stil- und Etikettehürden. Sie fand ihren eigenen Weg. Es gelang ihr, langsam, aber sicher, durch ihren Kleidungsstil Statements zu setzen. Das war der Moment, in dem diese junge Frau sich auf die Reise machte, eine starke Marken-Persönlichkeit zu werden. Heute sagt sie von sich selbst: »Egal wo ich bin, in welchem gesellschaftlichen Milieu ich mich befinde, ich kann mich überall souverän bewegen, unterhalten und vor allem kleiden, weil für jeden nur erdenklichen Anlass die passende Kleidung im Schrank hängt. Das gibt mir ein unwahrscheinlich schönes Gefühl an gesellschaftlicher Sicherheit.«

Gleichzeitig entstand in ihr auch der Wunsch, anderen Menschen in ähnlichen Situationen zu helfen. Sie erinnert sich auch heute noch nur zu gut an dieses innere Ohnmachtsgefühl »Ich gehöre nicht dazu«, wenn die von ihr gewählte Kleidung nicht dem Anlass entsprach. Wenn sie sich total im Outfit geirrt hatte. Mangels Informationen, mangels Beratung. Wenn sie sich einfach nur wünschte, der Erdboden möge sich auftun, sie verschlingen und gnädig aus der peinlichen Situation retten. Diese frustrierten und unsicher machenden Gefühle auf dem gesellschaftlichen Parkett sollten anderen erspart bleiben. Heute ist es ihre große Mission, Menschen dabei zu unterstützen, ihren eigenen Stil zu entwickeln und sich in allen Situationen dem Anlass entsprechend gekleidet und gewandt auf jedem Parkett zu bewegen. Elisabeth Motsch ist nun selber ihre beste Marken-Botschafterin und nimmt andere mit auf die spannende Reise zur eigenen stilsicheren Human Brand.

8. STIL, WAS IST DAS EIGENTLICH?

Stil kann man trainieren

»Die Moden wechseln – doch der Stil bleibt.« Dieser schlaue und heute noch sehr zutreffende Satz stammt vom großen Modeschöpfer Yves Saint Laurent. Der Mann wusste einfach, was Stil ist. Er lebte ihn, atmete ihn mit jeder Pore. Manche Menschen verfügen eben über dieses angeborene »je ne sais quoi«, jenes gewisse Etwas, das sie im Bereich Stil und Kleidung von anderen subtil unterscheidet. Diese Art von Stil hat nichts mit der jeweils herrschenden Mode zu tun. Menschen, die mit einem natürlichen Stilempfinden ausgestattet zur Welt kommen, verfügen über eine ganz herausragende Gabe: Die gerade angesagten Modetrends so geschickt in ihren eigenen etablierten Stil zu integrieren, dass sie ihrer Marken-Persönlichkeit trotzdem stets treu bleiben. Oder aber sie ignorieren die aktuellen Trends schlichtweg, wenn sie der Meinung sind, dass diese einen eklatanten Stilbruch im Sinne ihrer etablierten Marke darstellen. Klingt im Prinzip sehr logisch und eingängig, nicht wahr? Aber, so einen hohen Grad an Sicherheit und Souveränität das eigene Äußere betreffend muss jemand erst einmal erreichen … Diese Attitüde hat ja auch eine gewisse Grundarroganz, nach dem Motto »Was scheren mich die Moden von heute? Ich bin sowieso meine eigene Stil-Ikone«. Was besonders dann leichtfällt, wenn man seine Entscheidungen auf der sicheren Grundlage der eigenen Marken-Persönlichkeit trifft. Diese Haltung ist durchaus legitim. Angebracht und wirklich erfolgreich ist sie allerdings erst ab einem gewissen Stadium der Stilreife. Weine reifen mit dem Alter, Käse ebenso. Auch unser Stil reift im Laufe unseres Lebens, beeinflusst durch unsere Stationen, die Orte, an denen wir leben, die Kulturen, in denen wir uns bewegen. Menschen, die so weit kommen, nur noch ihren eigenen Stil zu zelebrieren, haben in der Regel eine lange, spannende Stilreise hinter sich. Während dieser Reise haben sie sich ständig entwickelt, sicher einige interessante und erinnerungswürdige – manche Fotos würden wir wohl gerne für immer verbannen – Fehler gemacht und dann letztendlich ihren eigenen Stil gefunden. Wie Ihre eigene Stilreise zielsicher die direkte Route ohne Umwege nimmt, wie Sie diese Reise auf jeder Etappe genießen und freudvoll zelebrieren, erfahren Sie auf den kommenden Seiten. Den eigenen Stil finden auf dem Weg zur kraftvollen und von allen wiedererkennbaren Marken-Persönlichkeit ist im Prinzip einfach. Stilempfinden kann nämlich erlernt und trainiert werden, wie so viele andere Fertigkeiten auch.

Von »stilus« zu Stil

Bevor wir beginnen, Stil zu entwickeln, sollten wir uns als Erstes einmal fragen: Was ist Stil eigentlich? Hier sei ein kurzer Sprung zurück ins 15. Jahrhundert erlaubt. Das Wort »Stil« existiert in der deutschen Sprache nämlich seit genau dieser Zeit. Es geht auf das lateinische »stilus« (Stängel, Schreibgerät, Griffel) zurück. Die Verbindung zur heutigen Verwendungsform von Stil kommt von der Tatsache, dass man damals an einem Schriftstück genau erkennen konnte, mit welchem Griffel jemand etwas geschrieben hatte – sozusagen ein »Markenzeichen«. Dieses Schriftstück zeigte also seine eigene Technik, daraus entwickelte sich die klar wiedererkennbare Handschrift. Stil im ursprünglichsten Sinne des Wortes ist also nichts anderes als die Handschrift eines Menschen!

Damit schließt sich der Kreis zu Human Branding und zur eigenen Marken-Persönlichkeit. Eine Marke zu sein und sie zu leben, ist ja genau das: Seine eigene Handschrift in allen Lebenslagen, durch Benehmen, Auftreten, stilvolles Outfit und eventuell ein eigenes Markenzeichen stets sichtbar, prägnant und konsequent nach außen zu tragen.

Kleidung – das äußere Siegel Ihrer Kompetenz

Diese Handschrift definiert sich – nicht nur, aber zu einem großen Anteil – durch unsere Kleidung. Unsere Kleidung ist zusammen mit unserer Frisur nun einmal jenes Element, das andere Menschen als Erstes wahrnehmen, wenn sie uns gegenüberstehen. Dabei gilt nicht nur, dass wir sofort und gnadenlos auf den ersten Blick eingeschätzt werden, ob wir gut oder schlecht gekleidet sind. Nein, es geht um weit mehr. Kleidung stellt das äußere Siegel unserer Kompetenz dar. Kleidung überzeugt – oder nicht. Kleidung erzeugt Respekt – oder nicht. Diese Einschätzung wird innerhalb von Sekundenbruchteilen von unserem Gegenüber getroffen. Mehr Zeit haben wir nicht. Das läuft unterbewusst ab und ergibt den berühmten ersten Eindruck, der meist prägend für die Qualität der nachfolgenden Begegnung und der Gesamtkommunikation ist. »Man empfängt die Leute nach ihrem Kleide und entlässt sie nach ihrem Verstand« – dieses deutsche Sprichwort trifft es auf den Punkt. Am Ende nach dem Verstand entlassen zu werden, ist ja gut und schön. Das Dumme dabei ist nur, dass unsere Gegenüber uns sehr viel früher nach unserem Outfit einschätzen, bevor wir auch nur kleine Kostproben unseres scharfen Verstandes liefern können.

Wie sehr Kleidung tatsächlich das Siegel unserer Kompetenz ist oder das traurige Gegenteil demonstrieren kann, zeigt dieses einschneidende Erlebnis von Gabriele.

Es ist 9:50 Uhr. Gabriele steht in einem Aufzug und fährt in die 10. Etage. Heute ist ein für sie sehr wichtiger Tag. Sie hat um 10:00 Uhr einen Vorstellungstermin. Für die Position als Leiterin der Abteilung »Kundenbetreuung« einer bekannten Privatbank. Gabriele ist positiv nervös, aber gleichzeitig auch relativ gelassen. Sie hat das Unternehmen und ihre Gesprächspartner genau recherchiert und ist auf alle Eventualitäten an Fragen vorbereitet. Fachlich hat sie keine Bedenken, sie ist mehr als kompetent und hat eine ähnliche Position seit vier Jahren sehr erfolgreich bei einer etwas kleineren regionalen Bank inne. Nun steht der nächste Karriereschritt an. Sie ist mehr als bereit und betritt mit dynamischen Schritten die architektonisch beeindruckende Lobby des Vorstandsbereichs. Eine attraktive Rezeptionistin im taubengrauen Hosenanzug mit weißer Bluse begrüßt sie ausgesucht höflich. Nach zehn Minuten wird Gabriele in das Büro der Leiterin der Abteilung Recruiting gebeten. Eine atemberaubende Aussicht über Frankfurt, stylische Möbel und eine elegante Erscheinung im dunkelblauen Businesskostüm und in farblich abgestimmten ebenfalls blauen Pumps erwarten sie dort. Das Gespräch verläuft ausgezeichnet, Gabriele bleibt fachlich keine Antwort schuldig. Sie drückt sich rhetorisch geschliffen aus – der Rhetorik-Kurs vom Vorjahr hat sich gelohnt. Die Recruiterin drückt ihr zum Abschied herzlich die Hand und verabschiedet sie mit einem vielversprechenden »Sie hören von uns«. Beschwingt verlässt Gabriele das Bankgebäude. »Ich bin ganz sicher in der engeren Auswahl«, freut sie sich. Eine Woche später liest Gabriele fassungslos die Absage der Bank. Sie versteht die Welt nicht mehr. Wie konnte es sein, dass sie mit all ihrer Erfahrung nicht einmal in die zweite Runde kam?

Outfit verkauft – oder eben nicht

Gabrieles Absage hatte einen sehr logischen, eingängigen Grund. Auf dem Papier war sie die ideale Kandidatin und wurde deswegen als Erste eingeladen. In ihrem realen Erscheinungsbild sah die Recruiterin dies: Eine Frau Anfang 40. Blondes, wild gelocktes Haar. Eine himmelblaue Bluse mit kleinen Blümchen, dazu einen etwas zu kurzen Rock, kombiniert mit einem Blazer aus Baumwollstoff, am Revers geschmückt mit einer hellblauen Häkelblume als Brosche. Flache bequeme Schuhe und eine große, ausgebeulte Businesstasche. Wir erinnern uns, es ging um die Besetzung der Leiterin der Abteilung hochrangiger Privatkunden! Der erfahrenen Recruiterin war auf den ersten Blick klar, dass Gabriele aufgrund ihres Erscheinungsbildes bei der anspruchsvollen Klientel des Bankhauses so nicht ankommen würde. Ihre Kompetenz auf dem Papier und ihre guten Referenzen konnten dieses äußerliche Manko nicht aufwerten. Gabriele hat es nicht geschafft, mit einem stilsicheren Outfit und ihrer Garderobe zu überzeugen und auch damit die notwendige Kompetenz zu vermitteln. Sie hat ihre Marken-Persönlichkeit somit nicht richtig in Szene gesetzt.

Später erfuhr Gabriele durch Zufall, wer den Job bekommen hatte. Sie lernte diese Dame auf einer Netzwerkveranstaltung auch kennen und konnte sich so ein Bild machen. Liliane, 39 Jahre alt, dunkler, perfekt geschnittener Bob, dunkelblaues Businesskostüm mit roter Bluse und dezentem, aber edlem, außergewöhnlichem Schmuck, vermittelte durch ihren gesamten Auftritt das perfekte Image der erfolgreichen Bankerin. Nicht zu konservativ, eine gewisse Dynamik durch das Rot ihrer Bluse verbreitend, strahlte sie Souveränität und Kompetenz aus jeder Pore aus. Gabriele sah sie – und verstand. Ein tiefes Aha-Erlebnis durchfuhr sie. Gabriele hörte durch einen Insider-Kontakt auch, dass Lilianes Referenzen zwar gut waren, jedoch weit weniger enthusiastisch ausfielen als ihre eigenen. Liliane hatte noch nie eine Abteilung geleitet, sondern war vorher Abteilungsleiter-Stellvertreterin. Auch die Qualität ihrer Ausbildung konnte der von Gabriele nicht das Wasser reichen. Liliane überzeugte jedoch mit ihrem gesamten Auftreten und bekam deswegen den Job. Ein Glück für Gabriele, dies erfahren zu dürfen. Sonst würde sie sich vermutlich noch heute fragen, was damals schiefgegangen war. So hat sie ihre Lektion gelernt, sofort ein Stil-Seminar besucht und ihre Karriere von da an auch durch ihr äußeres Erscheinungsbild erfolgreich unterstützt.

Stilvolle Kleidung bringt also Respekt und eine positive Einschätzung der Kompetenzen auf den ersten Blick. Wer stilvolle Kleidung trägt, zeigt auf der anderen Seite aber auch selber Respekt. Respekt gegenüber einem Anlass, einer Situation und einer Person. Vor allem Respekt sich selbst gegenüber! Denn Ihre Gegenüber erkennen gnadenlos auf den ersten Blick, welch guter Marken-Botschafter in eigener Sache Sie sind!

Um als starke Human Brand auf allen Ebenen erfolgreich zu sein, ist es unumgänglich, die eigene Kompetenz durch den persönlichen Stil zu unterstreichen. Gabriele hat dies verabsäumt und einen hohen Preis dafür gezahlt. Da ihre Mitbewerberin ja fachlich sogar weniger gut eingestuft wurde, können wir hier sogar salopp von dem klassischen Fall »Outfit schlägt Kompetenz« sprechen. Das kommt in der Praxis leider häufig vor. Wie ist so etwas zu vermeiden? Ganz einfach: Durch Information im Vorfeld kombiniert mit etwas Fingerspitzengefühl. Gabriele hat zwei klassische Fehler begangen. Sie hielt sich erstens mit ihrem Outfit nicht an den logischen Dresscode des Unternehmens. Wer nur ein wenig Gespür hat, muss wissen, dass in einem Frankfurter Bankhaus eine Blümchenbluse fehl am Platze ist. Um das zu verstehen, ist es auch nicht erforderlich, schon einmal dort gewesen zu sein. Zweitens hat sie sich keine Gedanken über die richtige Garderobe für die Position gemacht, für die sie sich bewarb. Es ist immens wichtig, sich beide Gesichtspunkte anzusehen. Gabriele tat dies nicht. Das war fatal und katapultierte sie sofort ins Aus. Ungerecht? Nein, gar nicht. Das mag hart klingen, aber wer nicht versteht, wo er sich bewirbt oder sich in dem dort herrschenden Dresscode nicht wohlfühlt, kann und darf einen Job nicht antreten. Sonst wirkt diese Person verkleidet, kaum authentisch, nicht überzeugend und wird langfristig sowieso keinen Erfolg haben. Das gilt übrigens nicht nur für Bewerbungsgespräche, sondern für alle anderen gesellschaftlichen Situationen. Das Vorhandensein eines Dresscodes erleichtert die Entscheidung für eine passende stilvolle Kleidung, die dem Anlass oder der Umgebung entspricht, ungemein. Mehr zum Thema Dresscode erfahren Sie im Kapitel »Dresscode – Lebensretter oder beengendes Korsett?«

»Stets auf Nummer sicher« ist definitiv kein Stil

»Na, dann entscheide ich mich eben für Business-Kleidung pur« ist eine oft gewählte Sicherheits-Aussage von Menschen, denen die zahlreichen Stolperfallen des Einkleidens im Hinblick auf ihre Karriere zwar bewusst sind, die aber trotzdem nicht so recht wissen, wie sie vorgehen sollen. Oder die keine Lust haben, sich mit dem Thema Kleidung und Outfit näher auseinanderzusetzen.

Ein gutes Beispiel dafür ist auch Angela Merkel. Diese Menschen sehen Boutiquen und Kaufhäuser am liebsten nur von außen. Sie wollen diese für sie schreckensvolle Einkaufserfahrung nur schnellstmöglich und ohne großen Aufwand hinter sich bringen. Sie kaufen dann meist nach immer demselben Schema ein: den achten schwarzen Blazer, die fünfte graue Hose. Das kennt man, das ist vertraut. Diese Menschen wählen dann aus rein pragmatischen Gründen oft die Schiene »total langweiliger Business-Stil«. Von Kopf bis

Fuß. Am liebsten, um nur ja nichts falsch zu machen, einheitlich von oben bis unten. Dieser Sicherheitsanker hilft zwar, die schlimmsten Fehler zu vermeiden, ist im Endeffekt aber nur eines: Total, total unauffällig. Mit einem Wort langweilig. Ein stilvoller Markenauftritt, an den andere sich erinnern, sieht anders aus. Denn, was vor allem zählt, ist die Persönlichkeit. Reine 08/15-Business-Kleidung reicht also nicht aus, um eine Human Brand nachhaltig zu etablieren.

Dann halt immer nach der letzten Mode ...

»Die Mode ist so hässlich, dass man sie alle sechs Monate ändern muss.« Der stets rhetorisch geschliffene und auch provokante Oscar Wilde bringt es auf den zynischen Punkt. Mode ist nicht immer hässlich – obwohl sie in manchen Epochen schon bizarr ausufern konnte – aber jeden Modetrend anbetend mitzumachen, ist auf keinen Fall eine gute Idee. Denn Mode verändert sich eindeutig zu schnell. Weil Sie dadurch erstens Ihren Kleiderschrank ständig neu gestalten, Altes loslassen und Neues hinzufügen müssen. Kaum jemand kann es sich leisten, die gesamten neuen Kollektionen aufzukaufen und ein regelmäßiges Fest von »Tabula rasa« im Kleiderschrank zu veranstalten. Das Endresultat von zu vielen aktuellen Modekäufen ist meist ein wüstes Sammelsurium von Stilen, keine klare Linie und Outfits, die einander in ihrer Aussage widersprechen. Und selbst wenn Sie die Mittel haben, alles neu anzuschaffen, ist auch dies definitiv nicht der stilsichere Weg zur eigenen Markenpersönlichkeit.

Kennen Sie das? Es ist Frühling, ein neuer Modetrend erscheint. Sie kaufen – ohne nachzudenken, was Sie schon besitzen – vier oder fünf neue Stücke, die annähernd zueinander passen. Aber passen diese Dinge auch zu den Teilen, die bereits in Ihrem Schrank hängen? Sind die Stile und Schnitte der neuen Blazer kompatibel mit den Hosen, die Sie schon besitzen? Wie passt das alles zusammen? Und auch wenn die neuen Teile sich sehr gut ergänzen: Dass Sie nun perfekt nach der neuesten Mode gekleidet sind, bedeutet noch nicht, dass Sie Stil ausstrahlen oder Ihrer eigenen Stil-Marke ein Stück näher gekommen sind. Es bedeutet nur, Sie sind »momentan« – also für knapp sechs Monate – danke, lieber Oscar Wilde für die Richtungsweisung – im Trend. Wer aber will im Trend liegen, wenn er eine Marke sein kann? Sklavisch die neueste Mode mitzumachen ist also auch nicht der Bringer auf dem Weg zur Human Brand. Ausgenommen jemand arbeitet in der Modebranche, dann ist es sicher erforderlich, die neuesten Trends zu repräsentieren. Es geht vielmehr darum, sich eine Basisgarderobe zuzulegen, die Ihnen wirklich entspricht, und diese mit den Elementen der gerade herrschenden Mode, die tatsächlich zu Ihnen passen – bei vielen Trends wird dies nicht der Fall sein –, zu kombinieren.

Die korrekte Stil-Formel dazu lautet:

Der korrekte Dresscode passend zum Anlass, zum Unternehmen und zur Position im Unternehmen PLUS Ihre Persönlichkeit PLUS Ihre individuell entwickelten Stilelemente ergeben Ihren persönlichen Gesamtstil.

Wie Sie diese Formel dann in der Praxis und im Gesamtkontext richtig anwenden, erkennen Sie, nachdem Sie den Charakter-Test auf Seite 180 dieses Buches gemacht und so Ihren Stil-Typ identifiziert haben.

Karrierebooster Stil?

Wenn Menschen nun den berühmten positiven ersten Eindruck in Bezug auf ihre Kleidung und ihr gesamtes Auftreten nicht bestehen und nur durch ihre Stillosigkeit negativ auffallen, was bedeutet das? Bedeutet es, dass diese Menschen in ihrem Leben überhaupt niemals erfolgreich sein können? Dass ihnen sämtliche Karrieretüren versperrt sind, sämtliche Karriereleitern sich als zu kurz erweisen oder ins Nichts führen? Dass sie nie empfohlen werden, über keine Netzwerkpartner verfügen? Nicht unbedingt.

Aber solche Menschen müssen sich auf jeden Fall sehr viel mehr anstrengen als andere, die ihren Stil schon gefunden haben und als erfolgreiche Marken-Persönlichkeiten in eigener Sache unterwegs sind. Sie können ja erst auf den zweiten Blick überzeugen, da sie den ersten Eindruck meist nicht bestehen. Das mag im Falle einer angestrebten firmeninternen Beförderung noch nicht ganz so dramatisch sein, da diese Mitarbeiter ja die Möglichkeit haben, ihre Kompetenzen und Qualitäten unter Beweis zu stellen und ihre Leistung über einen längeren Zeitraum sehr klar zu zeigen. Im Falle eines Vorstellungsgesprächs – wie Gabrieles Erfahrung zeigt – hingegen haben Sie nur einmal eine erste Chance. Wer beim Erstkontakt mit seinem persönlichen Stil nicht punktet, der punktet nie mehr. Nirgends. Auch die firmeninterne Karriere betreffend ist es auf jeden Fall mühsamer und aufwendiger, »nur« durch Leistung auf sich aufmerksam zu machen. Der Türöffner Stil setzt die entwickelte Human Brand optimal in Szene und eröffnet viele neue Möglichkeiten. Aber Achtung, die Annahme »Stil boostet meine Karriere ganz automatisch« kann leicht zum Trugschluss werden: Nur Stil im Übermaß zu haben, dem eine stets sehr gute Leistung und hohe berufliche Kompetenz nicht auf dem Fuße folgen, bringt Sie auch nicht in jene Karrierehöhen, von denen Sie vielleicht träumen. Man denke immer daran: Bei einer echten Marke hält der Inhalt stets, was die Verpackung verspricht. Es ist wie überall eine Kombination von beidem, Ihrer klar erkennbaren Kompetenz und Ihres ausgeprägten, gelebten Stilempfindens.

Damit fühl ich mich nicht wohl …

Zuerst war bereits die Rede vom Respekt uns selbst gegenüber. Einem Respekt, den wir uns zollen, wenn wir uns so kleiden, dass wir als gut sichtbare und erfolgreiche Human Brand wahrgenommen werden. Viele interpretieren den Respekt sich selbst gegenüber aber auch völlig anders, nämlich hauptsächlich die Bequemlichkeit und das Wohlfühl-Element in ihrem (Business-)Leben betreffend. Sehr oft argumentieren eher stilresistente Mitbürger mit den Worten: »Dann fühle ich mich nicht wohl und wenn ich mich nicht wohlfühle, kann ich meine Leistung nicht so gut erbringen.« Ich fühle mich wohl, also bin ich. Ich fühle mich wohl, also kann ich gut arbeiten. Ich fühle mich wohl, also gehört der Erfolg schon mir. Ist das so? Nur bedingt.

Das ist zwar ein interessanter Ansatz, der natürlich teilweise stimmt und für sehr viele Menschen wirklich von höchster Bedeutung ist. Es spricht natürlich nichts gegen persönliche Wohlfühlmomente in unserem Outfit, während wir unsere täglichen Leistungen erbringen. Die Frage, die sich stellt, ist eher die nach dem Grad der Bequemlichkeit und des Wohlfühlens und wann wir was davon in welchem Umfang zulassen dürfen, um unsere Karrieren nicht zu gefährden. Klar würde die Schlabberhose während eines langen Bürotages vor dem Computer ein nicht unerheblich bequemes Kleidungsstück darstellen, das sich nach dem Genuss des dritten Stücks Kuchen aus dem Automaten in der Gemeinschaftsküche auch freundlich um die Taille anzupassen vermag. Aber ist sie auch in irgendeiner Weise repräsentativ? Es kann schließlich immer wieder mal vorkommen, dass Sie kurzfristig und unvorbereitet in das Chefbüro gerufen werden … Oder externen Besuchern begegnen? Inwieweit bringt es Sie in Ihrem Karriereplan voran, dann auf dem Flur mit der bequemen, aber Sie umwabernden Hose, auf der möglicherweise noch Kuchenkrümel haften, wahrgenommen zu werden? Das entspricht nicht dem

Bild eines karriereorientierten Menschen, der entspannt der nächsten Beförderung entgegensieht. Und ganz sicher keiner erfolgreichen Gesamtmarke mit Stil.

Auch in Stil-Coachings kommt immer wieder die Thematik der Bequemlichkeit und des Wohlfühlcharakters der geschäftlichen Kleidung zur Sprache. Schließen sich Stil und Bequemlichkeit automatisch aus? Die Antwort lautet: Das kommt darauf an. Nämlich darauf, was Sie für sich als bequem definieren und empfinden. Da soll es ja gewisse Nuancen geben. Wenn Bequemlichkeit für Sie tatsächlich bedeutet, in der bereits bemühten Schlabberhose mit flexiblem Gummizug und Birkenstock-Sandalen an Ihrem Schreibtisch zu hängen, dann schließen sich Stil und Bequemlichkeit definitiv aus. Grundsätzlich gilt: Wer Wert auf wirklich stilvolle Kleidung im Business legt, muss vielleicht auf gewisse Faktoren der Bequemlichkeit verzichten. Aber bei jedem Outfit ist es möglich, es schnittmäßig und von den Materialien her so zu wählen, dass ein gewisser Wohlfühlcharakter gegeben ist, ohne dass Stil und Eleganz total flöten gehen. Das ist bloß eine Frage des Willens, Ausprobierens und einer gewissen Erfahrung. Bequeme und gleichzeitig schicke Kleidung ist definitiv auffindbar. Jedoch, die Einkaufsmuffel, die wie schon vorher erwähnt um jedes Kaufhaus einen Bogen machen wie der Teufel um das Weihwasser, die sich nie Zeit nehmen, auf die »Jagd« nach wirklich für sie passenden und gleichzeitig halbwegs bequemen Kleidungsstücken zu gehen, werden nicht fündig werden. Es gilt: Jeder hat die freie Wahl, aber wer hier nicht will, kann durch Konzentration auf zu große Bequemlichkeit durchaus schon mal große Chancen übersehen, wenn es um einen beruflichen Aufstieg und interessantere Aufgaben geht ...

Nehmen wir das Beispiel von Walter. Walter ist Buchhalter in einem mittelständischen Unternehmen und sehr gut in seinem Job. Er erstellt Bilanzen und ist ein Ass im Umgang mit Zahlen. Wann immer ein buchhalterisches Problem auftaucht, ist Walter der Mann der Stunde. Walter sitzt in seinem Kabäuschen von Büro und widmet sich mit Verve seinen Zahlenkolonnen. Er trägt die bereits erwähnte Schlabberhose, ein sichtbar ungebügeltes T-Shirt und eine weite Strickweste. Jeden Tag. Nicht erschrecken, er besitzt alle diese Kleidungsstücke in mehrfacher Ausfertigung. Die Hosen sind entweder graubraun, graubeige oder grau pur. Die T-Shirts sind grau oder beige. Die Strickwesten – im Sommer sind sie aus Baumwolle – zeigen sich in spannendem Braun oder – erraten – Grau. Kollegen nennen ihn gerne »›Das Grauen‹ aus der Buchhaltung«. Die meinen das durchaus liebevoll, Walter ist beliebt, er hat schon so manchen Fehler in Reiseabrechnungen oder sonstigen Dokumenten gefunden und die Kollegen vor Schaden bewahrt. Gut für ihn, denn »Marke ist immer das, was man hinter deinem Rücken über dich erzählt!«

Walter ist ein Vertreter der Spezies, die diesem Kapitel den Namen gab. »Da fühle ich mich nicht wohl …« Sein direkter Vorgesetzter hat ihm schon oft vorgeschlagen, zu wichtigen Kundenterminen mitzukommen. Walters Anwesenheit dort wäre ein echter Gewinn für das Unternehmen, er kenne alle wichtigen Zahlen, Fakten und Daten auswendig, könne aus dem Gedächtnis Informationen abrufen und sei ein wandelnder Großrechner. Aber da er sich in einem Anzug nicht wohlfühlt, vermutlich auch keinen besitzt, findet er jedes Mal Ausflüchte und der Kundenkontakt kommt nie zustande.

Das ist in zweierlei Hinsicht schade. Dem Unternehmen steht so eine mehr als wertvolle Ressource nicht in vollem Umfang zur Verfügung. Walter hingegen versäumt eine wunderbare Gelegenheit, sein Wissen und seine Expertise in viel größeren Gremien als bisher anzuwenden, und interessantere, komplexere Aufgaben wahrzunehmen. Das ist es nämlich, was er im tiefsten Inneren möchte. Einem größeren Publikum zu zeigen, wozu er mit Zahlen fähig ist. Er beraubt sich also selbst aufgrund eines völlig falschen Wohlfühlgedankens einer großen Karrierechance. Er müsste sich nur dazu aufraffen, zu den offiziellen Terminen seine Marken-Persönlichkeit in einen Anzug zu stecken oder sich einen dunklen Anzug mit hellem Hemd ohne Krawatte zu kaufen, um sich nicht zu verkleidet zu fühlen (siehe Dresscode Business Casual – mittelständisches Unternehmen) und sich mehr ins Licht zu rücken. Innerhalb der Firma kann er dann getrost der »Mann in Grau« sein. In diesem Fall geht es ja nicht darum, dass er seine Kompetenz im Unternehmen noch beweisen muss, die ist längst etabliert. Aber der gute Mann kann draußen nicht vorgezeigt werden, bleibt also vermutlich bis zur Pensionierung in seinem Kabäuschen und erstellt still und leise Bilanzen …

Ja, jeder Mensch ist eine Marke. Es fragt sich nur, welche. Walter ist eine Marke in Grau. Welche Marke möchten Sie sein? Was möchten Sie als Ihre persönliche Human Brand transportieren? In welcher (Marken-)Farbe wollen Sie erstrahlen? Kommen Farben generell überhaupt für Sie infrage oder sind Sie ein Anhänger des Typus Walter, der sich mit Vorliebe in Tarnfarben hüllt? Brauchen Sie diese Tarnfarben gar für Ihre persönliche Sicherheit? Um weiter unauffällig Ihr Leben zu fristen? Oder lieben Sie es, auch durch die Wahl und Zusammenstellung Ihrer Farben weithin aufzufallen, zu schillern, die allgemeinen Blicke auf sich zu ziehen? Auch beim Thema Farben gibt es zahlreiche Stolpersteine, die einem stimmigen Markenauftritt, der wirklich zu Ihnen passt, im Wege stehen können. Das Stilmittel Farbe ist – wie das eben genannte Bespiel von Walter zeigt – beim Aufbau einer Human Brand in keiner Weise zu unterschätzen.

Stil – auch eine Frage der Farbe

Mit den passenden Farben können wir unser Wohlbefinden steigern, Emotionen beeinflussen, natürlich unser Aussehen verbessern, unser Image verstärken oder Aufmerksamkeit erregen. Wer eine bestimmte Wirkung erzielen möchte, muss wissen, dass nicht alle Farben in jeder Situation angebracht sind. Farben können Sie sehr bewusst und zielorientiert einsetzen, um damit bestimmte Emotionen hervorzurufen. Dazu ist ein kurzer Einblick in die Psychologie der Farben erforderlich, um die unbewusste »Macht« der Farben richtig zu verwenden.

Unsere Outfits betreffend können wir auf verschiedene Weise mit Farben »spielen«: Farben wirken auf unsere Gefühle, wir können unser Wohlbefinden erhöhen, indem wir bewusst durch die Farben gefühlsmäßige Zustände unterstreichen oder ausbalancieren und dadurch bei unseren Mitmenschen gewisse Reaktionen in die Wege leiten. Farben sind immer auch ein Indikator unserer eigenen Gefühlslage, um unsere Persönlichkeit zu unterstreichen und unsere Einzigartigkeit zu zeigen.

Die verschiedenen Ebenen der Farbpsychologie sind sehr nützlich, um bestimmte Wirkungen bei uns selbst und anderen zu erzielen. Finden Sie heraus, was Ihre wahrhaft passenden Farben sind, und experimentieren Sie mit ihnen. Wann immer Sie Lust darauf haben, ob im Alltag, im Job oder während Ihrer freien Zeit. Sollten Sie im Beruf strikte Dresscodes vorgegeben haben, besorgen Sie sich am besten farbige Unterwäsche oder Strümpfe. Und schon kommen mehr Farbe und damit ganz andere, neue Emotionen in Ihr Leben!

Wie setzen Sie nun die Farben konkret ein? Hier stellen sich zwei voneinander unabhängige Fragen: Welche Farbe mögen Sie am liebsten? Und welche Farbe steht Ihnen am besten? Das ist nämlich durchaus nicht dasselbe. Viele Menschen flashen auf Farben ab, die absolut und punktgenau nicht zu ihrem Hautton und ihrer Haarfarbe passen. Die sie schal, grau, beige, zu rosa oder zu gelb im Gesicht erscheinen lassen. Aber, sie lieben diese Farben und tragen sie mit Begeisterung. Erst wenn man diese Menschen in anderen Farbnuancen sieht, die wahrhaftig »ihre« Farben sind, kommt es dann in ihrem Umfeld zu einem außergewöhnlichen Aha-Erlebnis.

Da ist zum Beispiel Carmen. Sie hat schwarzes Haar, blaue Augen und sehr, sehr helle Haut. Sie ist so ein richtiger Schneewittchen-Typ. Carmen liebt erdige Töne. Alles, was ockerfarben, currygelb oder olivgrün bis rotbraun ist, findet ihre uneingeschränkte Zustimmung. Ihr Kleiderschrank wirkt von Weitem wie der Gewürzbasar von Marrakesch, so üppig quellen Kleidungsstücke dieser Farbfamilie daraus hervor. Man benötigt nicht allzu viel Fantasie, um sich vorzustellen, dass Schneewittchen und ein Gewürzbasar farblich nicht wirklich kompatibel sind. Als Carmen auf einen eleganten Ball eingeladen wird, den ihre Firma veranstaltet, benötigt sie ein neues Abendkleid und rückt mit ihrer besten Freundin zum Shoppen aus. In der gut sortierten Abendkleider-Abteilung steuert Carmen routiniert und farblich seit Jahren konditioniert auf die olivfarbenen und bräunlichen Kleider zu. Aber dieses Mal hat sie ihre Meisterin gefunden. Denn die tüchtige Verkäuferin des Hauses kennt die Farbenlehre und hat Carmens Typ sofort definiert. Resolut steuert sie auf sie zu und legt ihr ein eisblaues und ein türkises Abendkleid in den Arm. »Probieren!«, lautet der knappe Befehl. Carmen betrachtet die für sie fremden Farben skeptisch, ja fast rebellisch, zieht sich aber unter dem strengen Blick der Verkäuferin gehorsam in die Umkleidekabine zurück. Die Freundin, die – ebenso konditioniert – gerade noch ein braungelbes Kleid aus dem Ständer zog – geht auf die Umkleidekabine zu, um Carmen dieses Kleid zu reichen. Und erstarrt in der Bewegung. Carmen öffnet nämlich die Tür und erscheint in dem türkisen Kleid. WER ist das, denkt sich die Freundin. Wer ist diese äußerst attraktive Dame mit der Alabasterhaut, den glänzenden blauen Augen und dem seidigen schwarzen Haar? Kenne ich die überhaupt? Wo hat die sich so lange versteckt? Auch Carmen starrt fasziniert auf ihr Spiegelbild und verliebt sich auf den ersten Blick in ihr neues farbliches Ich. Bingo, denkt sich die Verkäuferin und grinst. Diese Provision hat sie sicher.

Wenn wir für uns »falsche« Farben wählen, versinken wir darin, wir verschwinden einfach. Die gesammelte »Erdpalette« hatte Carmens wunderschöne eigene Farben erdrückt, schwammig gemacht und sie älter und viel grauer aussehen lassen, als sie ist. Ihr alle Frische genommen und sie damit als Marke fast unkenntlich und unauffällig gemacht. Dabei ist zu beachten: Je nach Hautunterton unterscheiden wir zwischen warmen und kalten Hauttypen. Den kühlen Hauttypen stehen eher kalte Farben wie Blau, Magenta oder kühle Beerentöne. Den warmen Hauttypen schmeicheln Farben wie Moosgrün, ein warmes Braun und Senf- oder Zimttöne. Auch die Augenfarbe und die Haarfarbe können als Farbe in der Garderobe integriert sein.

Das sind extrem wichtige erste Erkenntnisse zum Thema Farbe als Stilmittel. Identifizieren und finden Sie die Farben, die wirklich zu Ihnen passen, die Ihre Persönlichkeit unterstreichen und Sie gesünder, dynamischer und authentischer aussehen lassen.

Welche Farbe für welche Branche?

Die Komplexität des Themas Farben geht jedoch noch viel weiter. Denn die eigene Lieblingsfarbe sollte auch mit der Branche kompatibel sein, in der man arbeitet: Passt diese Farbe zum Arbeitgeber? Passt die Farbe zur eigenen Position? Eine Bankangestellte im Schalterdienst würde in Neonorange ihr Unternehmen als Marken-Botschafterin nicht angemessen und seriös repräsentieren. Neonorange geht in diesem Fall einfach nicht. Auch wenn es zehnmal ihre Lieblingsfarbe ist.

Gewisse Branchen in Kombination mit gewissen Farben sind ein eindeutiges No-Go. Da ist zum Beispiel Thomas, der Inhaber einer erfolgreichen Großwäscherei. Thomas trug täglich Anzüge in verschiedenen Nuancen von Braun. So lange, bis ein Mitarbeiter ihn darauf ansprach und ihn fragte, ob das denn auch zum Image einer Wäscherei passen würde. »Chef, wir verkaufen doch Sauberkeit und Braun steht nicht wirklich für sauber, meinen Sie nicht?« Diese Aussage bescherte Thomas ein absolutes Aha-Erlebnis, das hatte er nie so bedacht. Von diesem Tag an trug er nie wieder braune, sondern attraktive blaue Anzüge mit hellblauen oder weißen Hemden ...

Die Farbwahl einer Person sagt sehr viel über ihre Charaktereigenschaften aus. Nur die wenigsten sind sich dieser Tatsache allerdings bewusst. Unbewusst möchte sich jeder Mensch in seinen bevorzugten Farben nach außen darstellen. Abhängig von Branchen und Unternehmen ist dies allerdings meist nicht vollkommen frei wählbar möglich. Das heißt, es ist natürlich schon möglich, aber wir müssen dann bereit sein, auch die stilmäßigen Konsequenzen zu tragen. Mit den Signalen, die wir auf diese Weise ausstrahlen, auch zu leben und die daraus resultierenden Reaktionen zu akzeptieren.

Generell gilt: Farbe kann ein guter Ausdruck der eigenen Marken-Persönlichkeit sein. Allerdings unter der Voraussetzung, zu wissen, welche Botschaften welche Farben unbewusst aussenden.

Betrachtet man die »üblichen« Farben in den einzelnen Branchen, so gibt es eine unbewusste Farbpsychologie. Man assoziiert z.B. Banken und Versicherungen automatisch mit dunklen, gedeckten Business-Farben wie Dunkelblau, Mittelblau, Dunkelgrau und Mittelgrau, weil diese kompetent und seriös wirken. In Sozialberufen werden meist weichere, freundlichere Farben bevorzugt, um automatisch einfühlsam und locker zu wirken.

Diese Beispiele legen die Farbpsychologie der einzelnen Farben ausführlich dar und zeigen, welches die unbewussten Signale sind, die durch sie ausgesendet werden:

Schwarz

Schwarz ist die formellste aller Farben. Ein schwarzer Anzug ist also immer ein formeller Anzug, aber normalerweise kein Business-Anzug! Menschen, die diese Farbe für ihr Privatleben als ihre Hauptfarbe wählen, wollen definitiv nicht genormt wahrgenommen werden oder Teil der großen Masse sein. Sie lieben Individualität im Denken. Sie grenzen sich bewusst oder unbewusst ab, wirken dadurch manchmal distanziert und unnahbar. Oft bestimmen Grenzüberschreitungen und Rebellion den Träger dieser Farbe.

Schwarz finden wir im Business sehr oft in kreativen Berufen. Dort passt es gut hin und signalisiert Innovation und großes, raumgreifendes Denken. In anderen Bereichen mag Schwarz ein falsches Signal ausstrahlen. Denken wir nur an Edmund. Er ist Abteilungsleiter einer konservativen Großbank. Dort trägt »Mann« Anzug. Tagein, tagaus. Das ist normal und gehört dazu. Edmund fällt unter das Genre der Männer, die Kaufhäuser am liebsten nur von außen sehen. Alle zwei Jahre geht er einkaufen und ersteht neue Anzüge. Nicht weil er will, sondern weil er muss. Er hat auch eine nahezu »idiotensichere« Strategie entwickelt, nicht darüber nachdenken zu müssen, was er erstens kauft und zweitens anzieht. Er hat sich für die Option Schwarz entschieden. Schwarz, lebenslang. Schwarze Anzüge, immer die gleichen, eine schwarze Krawatte, auch die gleiche – er besitzt das alles in mehreren Ausführungen. Schwarze Schuhe, natürlich: Ach ja, ein weißes Hemd dazu. So erscheint Edmund tagein, tagaus in seiner Bank. Und er sieht – mit Verlaub – wie ein Bestatter aus. Wenn er seine Kunden mit freundlichem Lächeln salbungsvoll empfängt, drängt sich dieser Vergleich jedem Besucher machtvoll auf. Ob es gut für das Image der Bank ist, wenn ein wichtiger Abteilungsleiter wie eine wandelnde Trauerweide wirkt, darf bezweifelt werden. So mancher Besucher hat sich vermutlich schon gedacht: »Ist mein Geld hier sicher, wenn der Berater schon permanent Trauer trägt?«

Dieses Beispiel zeigt genau, dass es auch darum geht, die richtige Farbe für die richtige Person in der richtigen Branche und Position zu identifizieren! Der flotte Kreative mit den italienischen Wurzeln hingegen, der in der momentan angesagtesten Werbeagentur der Stadt arbeitet, kann ohne einen Moment des Zögerns von Kopf bis Fuß in Schwarz erscheinen, inklusive schwarzes Hemd natürlich. Diese Farbwahl wird bei ihm als vollkommen passende Unterstreichung seines Typus und der Kreativität seiner Branche wahrgenommen werden. (Vergleiche auch »Das Marken-Ei des Kreativen«.)

Rot

Menschen mit einer Vorliebe für rote Kleidung sind aktiv und vital und strahlen große Begeisterung und hohes Selbstvertrauen aus. Sie versuchen stets durchzusetzen, was ihnen als Ziel vorschwebt. Und sind dabei im Regelfall erfolgreich. Rotträger geben nicht so schnell auf, wenn sie etwas wollen. Rot steht für strahlende Vitalität und Kraft. Aber Achtung, die Farbe Rot transportiert auch Eigenschaften und Charakterzüge, die nicht in allen Situationen angemessen oder positiv sind. Rot ist bei wichtigen Terminen, bei Erstkontakten, beim Vorstellen oder wenn man weiß, dass die Gesprächspartner ruhige, introvertierte Menschen sind, eher nicht zu empfehlen. Denn diese könnten durch die kraftvolle Rot-Präsenz leicht eingeschüchtert werden und sich noch mehr in sich zurückziehen, was einem positiven Gesprächsverlauf selten dienlich ist. Rot ist eine Power-farbe und kann genutzt werden, wenn Durchhaltevermögen und Kraft für ein Gespräch erforderlich sind und diese Farbe dem Anlass und den Menschen dort gerecht wird. Ansonsten ist Rot sparsam einzusetzen. Diese so wunderbar kraftvolle Farbe eignet sich eher für Accessoires, um eine gewisse subtile Power auszustrahlen.

Rosa

Ach ja, Rosa! Dies ist die Farbe der absoluten Sanftmut. Eine besondere Vorliebe für Rosa verdeutlicht auch ein gesteigertes Schutz- und Liebesbedürfnis. Zarte, sensible Menschen, die viel Zuwendung brauchen, um innere Stabilität zu gewinnen, bevorzugen Rosa. Dies stellt direkt klar, dass ein rosa Jackett mehr als eigenwillige Signale im Businessalltag aussenden würde ... Es heißt auch, Menschen, die Rosa lieben, holen sich ihre Kraft oft von anderen Menschen und seien eher unselbstständig. Klingt nicht nach schaffenskräftigen, dynamischen Mitarbeitern, wie jedes Unternehmen sie liebt und braucht. Also, Hände weg von Rosa im Business, außer eventuell in sehr geringen Dosen.

Gelb

Wer Gelb bevorzugt, gilt als anderen gegenüber sehr aufgeschlossen und offen und mag es abwechslungsreich. Diese Menschen sind meist neugierig und wissensdurstig. Durch ihre permanente Spontaneität neigen sie allerdings dazu, Dinge nie abzuschließen und hinterlassen oft viele unfertige Spuren. Es sind Menschen mit hohen Idealen, lehnen allerdings oft Verantwortung kategorisch ab. Sie bevorzugen vollkommene Freiheit der Gedanken und der Handlungen und sind totale Freigeister. Gelb ist an sich keine Businessfarbe, obwohl es in den letzten Jahren an Popularität gewinnt und in verschiedensten Ausprägungen und Farbintensitäten als sehr modern gilt! Es kann also in leichten Dosen und mit Accessoire-Wirkung eine Business-Farbe sein ... Obwohl die kanariengelbe Jacke wahrscheinlich doch besser in die Freizeit passt!

Orange

Orange lebt! Orange ist die Lieblingsfarbe von Menschen, die extrovertiert sind und viel Spaß am Leben haben. Sie möchten beachtet werden und stehen gerne im Rampenlicht. Orange ist dynamisch genug, um im Geschäftsleben teilweise erlaubt zu sein, ist allerdings im strengen Business nur abgeschwächt und mit mehr Braunanteil in der Farbe möglich.

Grün

Grün ist die Farbe der Balance, der Mitte und der Harmonie. Es ist die Grundfarbe der Natur und wirkt ausgleichend auf uns Menschen. Sanfte und sehr harmoniebedürftige Charaktere bevorzugen Grün. Es handelt sich in der Regel um sehr offene Menschen, die gern in Gemeinschaften und Verbänden leben. Diese Charakterisierung zeigt schon, dass auch Grün an sich keine Business-Farbe ist. Gewisse Grüntöne sind unter Umständen im sehr legeren Business-Kontext möglich.

Braun

Menschen, die Braun besonders lieben, haben ein Bedürfnis nach Geborgenheit und Gemütlichkeit, nach einem einfachen und ruhigen Leben. Sie mögen keine Veränderungen in ihrem Leben und sind sehr bodenständig. Es fehlt ihnen an Flexibilität und Spontaneität. Braun ist definitiv keine festliche Abendfarbe und auch sonst keine formelle Farbe. »No brown after six« ist eine Regel, die bei formellen Anlässen strikt einzuhalten ist, um keine Stil-Fehler zu begehen. (Oft ist Braun auch die Farbe der Wahl des »Sozialen«, siehe »Marken-Ei des Sozialen«.)

Blau

In der Psychologie der Farben repräsentiert die Farbe Blau den Kopf und Verstand, transportiert eine gewisse Introvertiertheit und vor allem Ruhe. Wenn jemand Blau trägt, kommt genau diese Wirkung beim jeweiligen Gegenüber an. Im Business steht Blau auch für Seriosität, die Farbe gilt als unaufdringlich und dezent und repräsentiert Klasse. Eine sehr passende Farbe für Geschäftstermine.

Weiß

Menschen, die sich in die Farbe Weiß hüllen, wollen sich sprichwörtlich eine »weiße Weste« anziehen. Dadurch entsteht ein Eindruck von Unnahbarkeit, Sauberkeit, Ordnung und Vollkommenheit. Weiß im Business kann immer nur eine Kombinationsfarbe und keine Hauptfarbe sein.

Dies nur als kleiner Auszug der Farbpsychologie, um auf die Komplexität des Themas »Farben als Stilmittel« im Business hinzuweisen. Schon allein durch die Wahl der falschen

Farben können viele Fehler gemacht und eigenwillige Signale ausgesendet werden. Dabei kommt es immer auch darauf an, ob eine Farbe als Hauptfarbe oder als dezenter farblicher Akzent eingesetzt wird; so strahlt ein rotes Seidentuch, das einen dunklen Hosenanzug aufpeppt, etwas anderes aus als ein roter Blazer. Ersteres hat einen dynamischen Touch, strahlt Auffrischung aus und gleichzeitig die subtile Aussage »Ich bin ganz und gar Business, aber ich weiß, was ich will und unterstreiche dies sehr konkret«. Zweiteres, der Blazer, ist ein klares, eindeutiges Signal: »Hier bin ich, ich erscheine, ich will gesehen werden, ich bin kraftvoll, ich provoziere durch diese meine Farbe auch gern ein wenig.« Beides kann – je nach dem Anlass und der Zielsetzung – die richtige Botschaft sein. Wichtig ist das Bewusstsein, dass das rote Seidentuch eine völlig andere Wirkung auf das Gegenüber hat als der rote Blazer.

Stil hat viele verschiedene Facetten und es tun sich immer wieder Hürden auf dem Weg zur stilsicheren Human Brand auf. Doch ein großer Teil des Weges zur wiedererkennbaren Marke ist bereits zurückgelegt, wenn klar ist, wie man von anderen gesehen werden möchte. Wichtig ist jetzt folgende Frage: Wie wirken Sie auf andere Menschen?

9. IMAGE – WAS IST DAS EIGENTLICH?

Welches Image passt zu mir?

»Das kann ich nicht tun, sagen oder tragen. Das passt nicht zu meinem Image.« Solche oder ähnliche Aussagen geben viele Menschen von Wichtigkeit getragen immer wieder von sich. Aber wissen diese Personen überhaupt, was der Begriff Image bedeutet? Image ist ein fast schon inflationär gebrauchtes Wort, das alle nutzen, kaum jemand macht sich jedoch darüber Gedanken, was die Grundidee eines Images überhaupt darstellt.

Ihr persönliches Image ist das Zusammenwirken von allen Vorstellungen und Erwartungen, die sehr subjektiv mit Ihrer Person verbunden sind. Aber Achtung, dabei geht es vor allem darum, wie Sie von anderen wahrgenommen werden (im Markenprozess spricht man vom Fremdbild). Ihr persönliches Image ist Ihre Wahrnehmung durch andere Personen. Das ist vergleichbar mit einem Puzzle, das sich aus Hunderten von kleinen Teilchen zusammensetzt. Nur wenn diese alle perfekt angeordnet sind und ineinanderpassen, entsteht ein stimmiges und angenehmes Gesamtbild. Umgelegt auf Ihr Berufsleben bedeutet dies, es ist für Ihr Image entscheidend, in welchem Outfit Sie erscheinen, mit welchem gesamten Erscheinungsbild Sie auftreten, wie Sie sprechen, wie Sie sich verhalten, wie Ihre Tischsitten sind und welche Umgangsformen Sie pflegen.

Beim Image unterscheiden wir – wie im Markenprozess – zwischen Selbst- und Fremdbild. Das Selbstbild betreffend fragen wir uns: Wer bin ich, für welche Werte stehe ich, wie möchte ich wahrgenommen werden. Dieses Image bleibt bestehen, wo immer wir hingehen. Wir nehmen es stets mit, es ist ein integraler Teil von uns. Das Fremdbild ist die Wahrnehmung, die wir bei anderen erzeugen. Selbst- und Fremdbild sollten idealerweise übereinstimmen, tun es aber leider nicht immer.

Ziel muss es sein, Ihr Selbstbild mit den Vorstellungen der Kunden Ihres Unternehmens in Einklang zu bringen. Die zentrale Frage dabei ist: Wie sehen Ihre Kunden bzw. Ihre Geschäftspartner Ihr Unternehmen, Ihre Marke oder Ihre Dienstleistung? Sehr erfahrene Imageberater können Ihnen behilflich sein, Ihr Fremd- und Ihr Eigenimage zu überprüfen und dann in der Kleidung entsprechend umzusetzen. Es gibt Unternehmen, die darauf spezialisiert sind, eine Imageanalyse Ihres Unternehmens zu erstellen. Nehmen Sie sich Zeit, gehen Sie in sich. Fragen Sie zu Ihrem Fremdbild Menschen aus Ihrem Umfeld, von denen Sie wissen, dass Sie ehrliches, direktes Feedback bekommen. Vergleichen Sie dann die erhaltenen Infos zum Fremdbild mit Ihrem Selbstbild. Aha-Erlebnis garantiert! Bewerten Sie die Ergebnisse in diesem Moment nicht, nehmen Sie sie einfach wahr.

Bei dem Image, das wir transportieren wollen, geht es im Zusammenhang mit unserem Beruf vor allem auch um unsere Glaubwürdigkeit. Und damit um unsere Kompetenz. Einem renommierten Arzt, der in Bermudas und offenen Sandalen locker flockig die Tür seiner Privat-Praxis öffnet, wird der neue Patient ganz spontan und sehr unbewusst plötzlich substanziell weniger Vertrauen entgegenbringen und sich wahrscheinlich sogar fragen, ob dieses hohe

Privathonorar wirklich gerechtfertigt ist. Der Mann kann und weiß enorm viel, ist eine Koryphäe auf seinem Gebiet und jeden Euro wert. Aber weil sein Fremdbild nicht dem entspricht, was sich Patienten darunter automatisch vorstellen, nämlich ein weißer Kittel oder ein weißes Hemd mit weißer Hose, sinkt seine ihm zugestandene Kompetenz um mindestens die Hälfte ab. Das ist schade, muss nicht sein und ist sicher Grund, über dieses Outfit noch einmal gründlich nachzudenken. Wenn, ja wenn dieser Arzt die Gedankengänge seiner Patienten überhaupt jemals erfährt. Das ist nämlich die Crux beim Fremdbild, wir erfahren das meist gar nicht so genau …

Sollten Sie sich zum Beispiel als Kundenberater an einem Samstagabend mit Freunden auf einem Zeltfest aufhalten und dort von einem Kunden gesehen werden, wird Ihr Verhalten – obwohl sie völlig privat unterwegs sind – in Ihr berufliches Image automatisch miteinfließen. Treten Sie dort eventuell unangemessen auf, da Sie bereits extrem alkoholisiert sind und sich durch das Zelt pöbeln, wird Ihr berufliches Image sofort Schaden erleiden, obwohl Sie in keiner Weise in dienstlicher Mission unterwegs sind. Wir sind selten so privat, dass unser Verhalten egal wäre. Wer uns dann auf diese Weise wahrnimmt, zieht seine eigenen – oft ungerechtfertigten – Schlüsse und fertig ist das Fremdbild.

Es macht also durchaus Sinn, sich mit seinem Fremdbild zu beschäftigen und zu versuchen herauszufinden, wie man von anderen wahrgenommen wird und gegebenenfalls die Kluft zwischen dem Selbstbild und der Wahrnehmung durch andere so rasch als möglich zu schließen. Es gilt: Je mehr Selbst- und Fremdbild in Übereinstimmung sind, umso besser ist es.

Je klarer die Marke, desto klarer das Image

Das persönliche Image ist integraler Teil der Marken-Persönlichkeit, aber die Marken-Persönlichkeit ist nicht das Image. Das Image ist nur ein Teil, der daraus resultiert, dass man seine Marke wirklich lebt. Um ein ganz individuelles Marken-Image aufzubauen, ist es erforderlich zu wissen, welche Wirkung genau erzielt werden soll. Am Aufbau von Images sind sehr oft Statussymbole beteiligt, gekaufte Marken-Produkte, mit denen man sich umgibt. Das macht es für andere zwar sehr einfach, Menschen einzuordnen, wirkt dann aber stereotyp und damit auch langweilig. Viele Menschen möchten ihr Image daher gerne individualisieren und zelebrieren bewusste Stilbrüche, um sich so ihr persönliches Image und ihre Wiedererkennbarkeit zu »erarbeiten«. Überlegen Sie sich sehr genau, wie Sie von anderen wahrgenommen werden wollen und planen Sie alle notwendigen stilmäßigen Schritte, um diesem Ideal so nahe wie möglich zu kommen. Ihr Image muss erst in Ihrem Kopf feststehen und dort eine klare Tatsache sein, bevor Sie an dessen proaktiven Aufbau denken können.

Ein typisches Beispiel, was passieren kann, wenn dieses Image im Kopf nicht genug durchdacht bzw. in der Umsetzung nicht konsequent ist, zeigt Johannes. Er fiel aus allen Wolken, als ihm eines Tages lapidar eröffnet wurde, dass er für die offene Position des Human Ressources Manager Europe nicht infrage käme. Er war fachlich von allen internen Kandidaten am besten qualifiziert und verstand die Welt nicht mehr. Auf sein Nachfragen sagte man ihm ganz offen, dass sein Kleidungsstil und sein Auftreten für diese internationale Position als nicht ausreichend qualitativ betrachtet wurden. Deswegen hatte das Unternehmen bereits ins Auge gefasst, einen externen Kandidaten mit den gleichen Qualifikationen wie Johannes via Headhunter zu finden. Dabei trug Johannes seines Erachtens nach stets perfekte Business-Kleidung. Ja, er hatte zwar Business-Kleidung getragen, aber diese in der Variante billige Anzüge, Polyesterkrawatten, Schuhe, denen man ihren günstigen Preis ansah und Hemden vom Discounter gewählt. Johannes reagierte sofort. Er nahm eine Beratung in Anspruch, lernte die Regeln des stilvollen Kleidens und erkor von diesem Moment an Klasse zu seinem Markenzeichen. Er setzte das Gelernte sofort um, kleidete sich vollkommen neu im Dresscode Business ein, mit Maßhemd, Seidenkrawatte, Manschettenknöpfen, stilvoller Uhr und passenden Schuhen. Auch seine Schreibutensilien und die Aktentasche waren von nun an von bester Qualität. Johannes hat zügig an seinem Image gearbeitet und sich dadurch als begehrliche Marke in seinem Unternehmen neu etabliert. Es war nicht zu spät, seine neu erschaffene Human Brand wurde zeitgerecht erkannt und er bekam die gewünschte Position doch noch.

Image aufbauen und erhalten

Eine alte und weise Kommunikationsregel lautet: Ein Image aufzubauen, dauert viele, viele Jahre, ein Image zu zerstören, funktioniert in Sekundenbruchteilen. Ein kommunikativer Fehler und das gesamte Image eines renommierten Unternehmens geht den Bach hinunter. Mit Ihrem Stil-Image kann dasselbe passieren, wenn Sie nicht achtsam sind. Aber bevor es zerstört werden kann, muss es ja erst einmal existieren. Sie müssen Ihr Image also sorgfältig über viele Jahre hin pflegen. Die Summe von zahlreichen Einzelbotschaften, also Einzel-Outfits, Einzel-Auftritten und Einzel-Wirkungen, ergibt langfristig gesehen Ihr Image. Sind Sie durch harte Image-Arbeit sozusagen auf Ihrem persönlichen Image-Olymp angekommen, gilt es, diese Wahrnehmung zu erhalten. Ein einziger falscher Schritt und die Sisyphusarbeit des Image-Aufbaus beginnt aufs Neue. So wie bei der Markenentwicklung ist auch hier Konsequenz gefragt.

Fehlt diese, kann es zu folgenschweren Auswirkungen kommen. Claus ist ein honoriger Bankdirektor, in dessen Bank ausgerechnet während seines Urlaubs ein Banküberfall verübt wurde. Es gab Geiseln und leider auch Verletzte. Claus wurde dazu an seinem Urlaubsort interviewt. In der absolut verständlichen Aufregung vergaß er, an sein persönliches Image zu denken und trat in sehr legerer Freizeitkleidung vor die Kameras. Weil es ihm wichtig war, so schnell als möglich Stellung zu nehmen. Trotzdem hat dieser Auftritt insgesamt Fragen aufgeworfen und seinem Ansehen geschadet. Die Fernsehzuseher und auch Kunden der Bank sahen einen Mann, der nicht vor Ort war, während es in seiner Bank um Leben und Tod ging, sondern im Urlaub weilte und durch seine Freizeitkleidung eine gewisse Sorglosigkeit ausstrahlte. Dass er gerade aus dem Bemühen heraus, sich so schnell wie möglich zu äußern, so wie er war, vor die Kameras trat, verstand niemand. Dieses Beispiel zeigt, wie sehr wir jederzeit an unser Image und an das Image der Branche, in der wir arbeiten, denken müssen. Claus hatte sicher keinen Anzug im Urlaubsgepäck, aber er hätte, um den Negativeindruck zu vermeiden, sich rasch zumindest halbwegs offizielle Kleidung besorgen sollen, bevor er für die Interviews vor die Kameras trat.

Deswegen ist es immens wichtig, sich imagemäßig keine Blößen zu geben, alle Aktionen, die das bisher Erreichte sabotieren könnten, zu vermeiden, und die einmal geplante Imagestrategie zielorientiert und klar durchzuziehen. Ja, das ist anstrengend und bedeutet Arbeit. Aber der Erfolg, den Sie insgesamt als Marken-Persönlichkeit damit erzielen, wird Ihnen recht geben.

Passt das Image zur Person, zum Unternehmen und zur Branche?

Es geht nicht nur um Sie. Klar geht es um Sie als Person und Sie als Image. Aber es gibt ja noch zusätzlich das Image des Unternehmens, in dem Sie tätig sind. Sind Sie beide denn überhaupt kompatibel? Passen Sie da hin? Oder, besser gesagt, passt das Unternehmen zu Ihnen und Ihrem Image? Ergänzen Sie sich gegenseitig oder »stoßen Sie einander ab«, widersprechen Sie sich? Transportieren die Mitarbeiter ein klares Image oder werden sie eher nur vage und am Rande, vielleicht sogar als »schlampig« wahrgenommen? Arbeitet jemand zum Beispiel in einer Werbeagentur, sieht aber aus wie ein Buchhalter, wird dieser Person die kreative Kompetenz vermutlich nicht auf den ersten Blick abgenommen werden. Und damit wären wir wieder zurück bei den größeren Anstrengungen, die Personen unternehmen müssen, wenn deren Kompetenz nicht augenblicklich und stimmig durch Outfit und Stil unterstrichen wird. Wenn umgekehrt ein namhaftes Controlling-Unternehmen einen Mitarbeiter einstellt, der durch seine Outfitwahl wie ein Kreativer wirkt, der gerade der »School of Contemporary Art« entsprungen ist, kann es auch hier und da zu Zweifeln an den Controlling-Fähigkeiten dieses Mitarbeiters kommen. Das ist insgesamt wieder dem Gesamtimage des Unternehmens nicht zuträglich. Denn die Mitarbeiter als Gesamtheit sind mit die bedeutendsten Imageträger einer Organisation! Von ihnen wird auf das Unternehmen geschlossen, auf seine Performance und seine Substanz. Mit der Wahl Ihrer Garderobe drücken Sie unübersehbar Ihre geschäftliche und gesellschaftliche Position aus. Aber nur, wenn Ihr Aussehen mit Ihrer Persönlichkeit und den Image-Botschaften Ihres Unternehmens übereinstimmt, wird es Ihnen gelingen, Ihre Mitmenschen von Ihrem Können zu überzeugen. Besonders wichtig dabei: Der berühmte erste Eindruck.

Das alte Sprichwort »Für den ersten Eindruck gibt es keine zweite Chance« stimmt noch immer. Innerhalb von Sekundenbruchteilen werden wir von neuen Gegenübern taxiert und eingeordnet. Gnadenlos bewertet man unsere Haltung, unseren Gesichtsausdruck und natürlich unser Outfit. Klar, Menschen erkennen den Sauberkeitsfaktor unserer Schuhe, die eventuell schlampige Ärmellänge unseres Blazers oder eine schäbige Handtasche vielleicht erst auf den zweiten Blick. Aber Vorsicht: Denn dieser erste Eindruck ist zwar oft nur ein gefühltes Gesamtbild, aber inkludiert dann doch sehr präzise alle diese »Mankos«. Sehr unbewusst, aber auch sehr klar, sind wir dann sofort bei unserem Gegenüber als kompetent oder weniger kompetent eingeordnet, als einer bestimmten sozialen Schicht zugehörig oder nicht. Kurz, wir werden sofort als »Freund« oder »Feind« kategorisiert und in dem geistigen Schubfach unserer Mitmenschen genau so abgelegt.

Kompetenz ist nicht genug, um auf der Erfolgsschiene langfristig mitzufahren. Ihr Auftritt und Ihre Wirkung prägen für die anderen Ihre Persönlichkeit. Alles, was Sie nach außen zeigen, was andere von Ihnen erkennen, erzeugt ein klares Bild. Ein Bild, das zu Respekt und Anerkennung einlädt – oder eben nicht … Je eindeutiger Sie über Ihr Outfit Ihre Persönlichkeit darstellen, desto eindeutiger ist auch Ihr kleidungstechnischer Fingerabdruck. Das wiederum führt dazu, dass Sie Ihr Image und das Image des Unternehmens, für das Sie tätig sind, noch besser miteinander verbinden.

Menschen stellen an gewisse Branchen eben gewisse Ansprüche und haben dadurch gewisse Erwartungshaltungen. Werden diese dann nicht erfüllt, kommt es zu Zweifeln und Ungereimtheiten, die sich auf die Qualität der gesamten Zusammenarbeit auswirken können. Deswegen sind Unternehmen wie Mitarbeiter sehr gut bedient, wenn sie sich im Vorfeld einer Einstellung genau beschnuppern, um festzustellen, passt das Image und die Marke des Mitarbeiters zum Unternehmen und im Umkehrschluss, passt das Image und die Marken-Persönlichkeit des Unternehmens zum Mitarbeiter. Ein bestimmter Beruf und das vorausgesetzte wie auch das gelebte Image dieses Berufs müssen durch das repräsentierte Äußere der Mitarbeiter transportiert werden. Was hier nicht zusammenpasst, kommt besser von Anfang an nicht zusammen.

10. DRESSCODE – LEBENSRETTER ODER BEENGENDES KORSETT?

Warum ein Dresscode?

Die Amerikaner lieben ihn. Die bewegen sich nirgendwo hin, nehmen ungern Einladungen an, wenn sie ihn nicht kennen. Für die meisten US-Bürger ist er eine »Lifeline«, ein Lebensretter in stürmischen Stil- und Etikette-Gewässern. Menschen, die Regeln ablehnen und sich sowieso immer anders benehmen, als man es von ihnen erwartet, lehnen ihn ab. Auf jeden Fall ignorieren sie ihn. Den Dresscode.

Leider gibt es hierzulande – außer auf hochoffiziellen Veranstaltungen und Einladungen – wie z.B. dem Opernball oder Hochzeiten mit Motto – kaum Dresscodes auf den Einladungen, die Auskunft über den von den Veranstaltern oder Gastgebern erwarteten Kleidungsstil geben. Dabei wäre das eine so positive Entwicklung, die bereits im Vorfeld viele offene Fragen von selbst beantworten und es den Eingeladenen erleichtern würde, wirklich dem Anlass entsprechend korrekt gekleidet zu sein. Viele sehen ihn allerdings auch als puren Zwang, als Einengung und gnadenlosen Zerstörer jeglicher persönlicher Kreativität und Freiheit. Grundsätzlich ist der Dresscode von seiner Idee her als reine Erleichterung und wertvoller »Guide« im tiefen Dschungel der vielfältigen Möglichkeiten des kleidungstechnischen

Scheiterns angedacht. Der Dresscode unterstützt Sie dabei, Ihr Image perfekt nach außen zu tragen und damit Ihre Marke zu leben. Der Dresscode ist also nicht als Hürde zu betrachten, sondern als wertvoller Helfer.

Tatsache ist und bleibt, Dresscodes erleichtern das Leben und verhindern, auf offiziellen Anlässen unangemessen gekleidet zu erscheinen. Ob beim Business-Lunch, auf einer Cocktailparty, einer Vernissage, Produkt-Präsentation oder einer Opernpremiere – viele Veranstaltungen erfordern eine bestimmte Art der Gewandung. Wer diese derart anlassgemäß geforderte Kleidung nicht kennt, erscheint logischerweise over- oder underdressed und beschädigt sein Image.

Manche mögen das antiquiert und unzeitgemäß finden. Das ist jedoch ganz und gar nicht so. Durch alle Epochen und Zeiten bis in unser heutiges Geschehen gab es immer schon (un)geschriebene Regeln. Diese Regeln zu kennen oder nicht zu kennen, trug vor 200 Jahren wie auch heute dazu bei, Ihre Zugehörigkeit oder eben Nicht-Zugehörigkeit zu einer Gruppe zu manifestieren. Und gleichzeitig zu demonstrieren, dass Sie die Codes dieser Gruppe richtig interpretieren und anwenden. Also mit einem Wort: dazugehören. Und das wollen wir doch alle, oder? Wenn Sie diese Codes kennen und annehmen und sich danach richten und kleiden, unterstreichen Sie damit, dass Sie wissen, wie auf dem sozialen Parkett korrekt mitzuspielen ist. Damit drücken Sie gleichzeitig auch Respekt und Wertschätzung den anderen Gruppenmitgliedern gegenüber aus. Und ja, Sie gehören dazu!

Sie können ihn brechen, aber ...

Was passiert, wenn Sie Ihrer rebellischen Ader nachgeben und sich einem angegebenen Dresscode schlicht und ergreifend verweigern? Nun, eines ist sicher, der Himmel wird nicht herabstürzen, die Erde wird sich nicht auftun und Sie und Ihr unangemessenes Outfit verschlingen. Aber ... Ihre sorgfältig aufgebaute Marke kann ein paar tiefe Kratzer im Lack bekommen. Man mag an Ihrer Fähigkeit zweifeln, die genannten Dresscode-Abkürzungen oder -Angaben richtig zu lesen und zu verstehen. Oder aber die anderen Gäste bewundern Ihre »Chuzpe« sogar und sind im Geheimen entzückt, dass da jemand kaltblütig in Jeans erscheint, obwohl auf der vornehmen Einladungskarte eindeutig »Abendkleidung« zu lesen war. Ein Rebell oder eine Rebellin sorgt immer für angenehme Schauer bei all jenen, die ein gewisses Faible für »kleidungstechnische Revolution« haben.

Eines ist klar, ob sie nun over- oder underdressed erscheinen, wenn Sie nicht innerhalb der für diesen Anlass festgelegten Norm auftauchen, werden Sie eines mit Sicherheit: Nämlich auffallen. Mit dem Ignorieren eines vorgegebenen Dresscodes zeigen Sie klare und eindeutige Individualität. Diese Individualität kann, wenn Sie nicht über die Stränge schlagen, Ihrer Human Brand den ganz persönlichen Touch geben. Wägen Sie hier bitte immer sehr genau ab, der Grat zwischen Rebellion und der völligen Vernachlässigung des guten Geschmacks ist schmal!

Ein bewusstes Brechen von Dresscodes und damit von Traditionen kann zu großen Irritationen führen. Auf einer Party könnte dies »nur« zum Tuscheln hinter vorgehaltener Hand führen, das Ignorieren von Dresscodes bei einem Bewerbungsgespräch kann jedoch den Job kosten, von dem jemand immer geträumt hat. Dasselbe gilt für wichtige Kundengespräche oder entscheidende Verhandlungen. Wir haben zuerst die Zugehörigkeit zu einer bestimmten Gruppe erwähnt. Den Dresscode bewusst nicht zu honorieren ist ein ganz klares Signal Ihrerseits: »Ich gehöre nicht dazu.« Warum also sollte ein Unternehmen ausgerechnet Sie einstellen, wenn Sie so klar schon beim ersten Vorstellungstermin aussenden: »Ich will gar nicht dazugehören.«

Sie können den Dresscode also jederzeit brechen, aber Sie müssen sich voll und ganz über die Konsequenzen im Klaren sein, die daraus entstehen können. Es ist Ihr freier Wille, wie immer im Leben.

Sie müssen ihn brechen, weil …

In manchen Fällen haben Sie gar keine andere Wahl, als den Dresscode zu brechen! Nämlich dann, wenn Sie sich unvergesslich in den Köpfen der anderen verankern möchten. Wenn Sie als Original, als Marke, stets wiedererkannt werden wollen. Nein, das geht eher nicht, wenn Sie in einer Bank arbeiten. Die Branche, in der Sie arbeiten, muss Ihren Marken-Etablierungswunsch natürlich unterstützen. Fakt ist: Wer extrem seinen Stil bricht, der wird entweder sehr gemocht oder sehr abgelehnt. Ganz nach Franz-Josef Strauß: »Everybody's Darling is everybody's Depp.« Ein Mittelding gibt es hier nicht. Nur so werden Sie zur absoluten Human Brand, die niemand je wieder vergisst. Denken wir an das Beispiel Lady Gaga! Passt Ihre Marke zu Ihrer Branche, zu Ihrer Persönlichkeit und zu Ihrem Produkt, dann setzen Sie mit Ihrem bewusst überlegten Stilbruch wirklich ein Statement. Sie haben dabei die Wahl, sich mit einem absolut »verrückten« Outfit zur Marke zu machen, oder aber in der etwas gesetzteren Variante durch einen anderen, lockeren Dresscode in ein traditionelles Unternehmen neuen und frischen Wind zu bringen.

So wie Christian, Absolvent der Wirtschaftsuniversität. Er erschien zu einem Vorstellungsgespräch in einem traditionellen Unternehmen in Jeans, lässigem Hemd, bunten Sneakers und trug einen modischen Gürtel. Auf ein Sakko verzichtete er ganz. Er hatte ohnehin schon einen fixen Job in einer anderen Firma in der Tasche und wollte so nur seinen Marktwert testen, ohne sich einem sperrigen Dresscode verpflichtet zu fühlen. Und siehe da, er bekam die Stelle. Dies hat aber nur funktioniert, weil dieses Unternehmen beschlossen hatte, sich optisch »zu verjüngen« und überzeugt war, dieser unkonventionelle junge Mann würde neue Ideen bringen und alte Strukturen aufbrechen helfen. Christian überzeugte darüber hinaus auch mit seiner Persönlichkeit. Das Gesamtpaket, das er an diesem Tag darstellte, gefiel und er bekam den Zuschlag. Das hat in diesem Fall funktioniert, weil das Unternehmen bereit für einen gewissen Wandel war. An sich ist es ein absolutes No-Go, sich bei der ersten Vorstellung nicht dem Dresscode der Branche zu unterwerfen. Wägen Sie also immer ab, ob Sie das Risiko eingehen wollen und können, gegen den Strom zu schwimmen ...

Dresscodes erkennen und richtig anwenden

Wo erhalten Sie nun nähere Information über den bei einer Einladung oder Veranstaltung gewünschten Dresscode? Im Rahmen von offiziellen Einladungen, Hochzeiten oder anderen Events werden manchmal Kärtchen mit der Dresscode-Angabe versendet. Sollte er nicht explizit auf der schriftlichen Einladung angegeben sein, verraten die Art der Veranstaltung wie auch der Veranstaltungsort selbst sehr häufig, worum es geht und was man trägt.

Wie sieht denn der Dresscode-Dschungel aus, durch den Sie sich von nun an leichtfüßig und frei als erfolgreiche Human Brand bewegen können? Mit welchen Abkürzungen und Begriffen müssen Sie rechnen? Und vor allem, was ziehen Sie wann wie an, um Ihre einzigartige Stilpersönlichkeit durch alle Situationen hindurch perfekt zu präsentieren?

White Tie

Das klingt pompös und ist es auch. Unter White Tie ist der
sogenannte »große Gesellschaftsanzug« – wird erst nach
18 Uhr getragen – zu verstehen! Er steht für einen Frack
mit Schößen, die Hose ist immer dunkel und zeigt doppelte
Satinstreifen. Der Herr, der stilmäßig alles verstanden hat,
trägt dazu schwarze Lackschuhe ohne Schnürung. Das Hemd
hat einen Vatermörderkragen, eine Doppelmanschette und
eine verdeckte Knopfleiste. Die weiße Piqué-Fliege ist selbst
gebunden. Das perfekte White-Tie-Outfit wird durch eine
weiße Weste komplettiert. Bei diesem Outfit einen Gürtel
zu tragen, wäre ein grober Fauxpas. Sobald der Dresscode
White Tie lautet, ist für die Damen die große lange
Abendrobe obligatorisch! Ein Cocktailkleid, oder noch
schlimmer, ein Kostüm oder gar ein Hosenanzug wären hier
stilmäßige Todsünden. Die Anlässe, zu denen Sie Ihr White-
Tie-Outfit aus dem Schrank holen, sind die großen Bälle wie
der Opernball in Wien, bei Banketten und ähnlich festlichen
Gelegenheiten. Wer zum Beispiel beim Wiener Opernball
den Dresscode nicht einhält, wird nicht eingelassen!

Black Tie, Cravate Noire oder Tuxedo (Amerika)

Reichlich kompliziert, mögen Sie jetzt denken, ist es aber
nicht. Diese drei Ausdrücke beschreiben den sogenannten kleinen Gesellschaftsanzug. Er ist der kleine Bruder
und damit die weniger festliche Variante des Fracks. Black
Tie steht für den Smoking mit schwarzer Fliege. Dazu
eine Krawatte zu tragen, wäre ein absoluter und niemals
entschuldbarer Fauxpas. Zum Smoking trägt der Herr
von Welt schwarz geschnürte Lackschuhe. Das Hemd
hat einen Umlegekragen, eine verdeckte Knopfleiste und
Doppelmanschetten. Die schwarze Fliege ist selbst gebunden. Bunte Fliegen haben hier absolut nichts verloren.

Statt eines Gürtels wird ein Kummerbund getragen. Eine Variante in dieser Kategorie ist die weiße Smokingjacke, auch Dinnerjacket genannt. Das weiße Dinnerjacket wird ausschließlich für abendliche Feste unter freiem Himmel angezogen! Die Dame trägt bei dem Aufruf zu Black Tie immer ein langes Abendkleid. Heute wird der Smoking bei Abendveranstaltungen, zu Premieren oder bei Hochzeiten getragen.

Black Tie Optional

Dies ist eine weniger strenge Zwischenvariante, die den Gästen das Leben erleichtern soll. Sie können in diesem Fall zwischen Smoking mit schwarzer Fliege und dunklem Anzug mit Krawatte wählen. Es ist auch möglich, den Smoking ohne Fliege zu tragen, das Hemd ist dann geöffnet. Damen werfen sich in diesem Fall in Cocktailkleider, lange Abendkleider oder festliche Kostüme. Auch ein Damensmoking wäre möglich. Sie sehen, dies ist eine eher »wilde« Variante nach dem Motto »fast alles ist möglich« und sollte auch den Dresscode-Rebellen recht gut gefallen.

Cut, Cutaway oder Morning Coat

Der Cut ist das Gegenstück zum Frack. Die Jacke zeigt einen eleganten Schwalbenschwanz. Der Cutaway verdankt seinen Namen den »abgeschnittenen Ecken« des Gehrocks. Er wird ausschließlich tagsüber bis 18:00 Uhr getragen und deshalb auch »Morning Coat« genannt. Die Hose ist schwarz-grau gestreift und wird wahlweise mit einer hellgrauen oder farbigen Weste kombiniert. Das Hemd ist weiß und die Krawatte silbergrau. Die Dame muss hier nicht zwingend ein langes

Abendkleid tragen, sondern darf auch im Cocktailkleid oder Seidenkostüm auftreten.

Der Cut wird bei einem festlichen Tagesanlass wie z.B. einem Pferderennen in Ascot, bei Hochzeiten, Taufen und Beerdigungen – hier jedoch mit schwarzer Weste und schwarzer Krawatte – ausgeführt.

Formal oder Tenue de Ville

Eine andere Begrifflichkeit für diesen Dresscode ist auch Cocktail oder Business Attire. Gemeint ist damit ein schwarzer Stadtanzug, der mit einer diskreten eleganten Krawatte und einem weißen Hemd kombiniert wird. Dazu empfehlen sich schwarze Schuhe mit Ledersohlen für den Herren. Die Damen tragen bei diesem Dresscode ein kurzes Cocktailkleid oder ein elegantes Kostüm.

Dieser schwarze Stadtanzug ist bei feierlichen Gegebenheiten wie Hochzeiten und festlichen Abendveranstaltungen zu tragen.

Semi-Formal

Auch wenn dieser Dresscode ziemlich locker klingt, er ist es gar nicht. Genau darin liegen auch seine Tücken. Er verlangt während des Tages einen dunklen Anzug mit Krawatte, Damen erscheinen in einem eleganten Kostüm oder Hosenanzug. Nach 18 Uhr kann Semi-Formal auch bedeuten, dass ein Smoking gefordert ist, mit oder ohne Fliege. Damen entscheiden sich wahlweise für ein Cocktailkleid oder eine Abendrobe. Erkundigen Sie sich beim Dresscode Semi-Formal am besten immer beim Gastgeber, ob damit Smoking oder Anzug bzw. Abendrobe, Cocktailkleid oder ein elegantes Kostüm oder Hosenanzug gemeint ist, um ganz auf der sicheren Outfit-Seite zu sein.

Anlässe, Semi-Formal zu tragen, sind Hochzeiten (Smoking oder formeller Anzug, Abendkleid oder Cocktailkleid) oder ein Business-Day mit Kontakt zur Chefetage (dunkler Anzug, elegantes Kostüm oder auch ein Hosenanzug).

Business

Der gute alte Business-Stil hat durchgehend Saison! Er schreibt einen dunklen Anzug, eine ebenso dunkle Krawatte und schwarze Schuhe vor. Das Hemd ist immer weiß oder maximal in sehr hellen Pastelltönen. Merken Sie sich diese Faustregel: Je höher die Position einer Person in einem Unternehmen ist, umso dunkler sollte ihr Anzug sein. Die Dame trägt in diesem Fall ein Kostüm oder einen Hosenanzug in dunkler Farbe, eine weiße oder maximal pastellfarbige Bluse.

Dieser Dresscode erscheint in seiner Reinform im strengen Business und in hohen Führungsetagen sowie bei Geschäftsessen, Business-Events und hochrangigen Besprechungen.

Business Casual

Das ist der Dresscode, der meist sehr verwirrt und zu großen Outfit-Unschlüssigkeiten führt. Wird dieser Code angegeben, sieht leider jeder anders aus. Denn für Business Casual gibt es keine allgemeingültige Definition. Business Casual meint von der Grundidee, dem Anlass oder der Örtlichkeit angemessene Kleidung zu wählen. Womit die Verwirrung ihren Lauf nimmt. Business Casual bedeutet für Herren einen gelockerten Business-Look, wie einen Anzug ohne Krawatte, für Damen kein strenges Business-Outfit, sondern einen modischen Hosenanzug oder ein Kostüm in einem etwas strukturierten Stoff, der den formellen Touch etwas lockert. Somit kann Business Casual sowohl von Unternehmen (z.B. einer Unternehmensberatung) zu Unternehmen (wie auch einem Produktionsbetrieb) als auch im privaten Bereich unterschiedlich aufgefasst werden. Meist bedeutet es »No Jeans, no Tie«, also Anzug, aber ohne Krawatte. Klammern Sie sich an diese Variante, wenn Sie ein Herr sind!

Business Casual wird am Casual Friday im Büro, bei legeren Firmenfeiern oder zum Brunch getragen.

Come as you are

Kommen Sie, wie Sie sind. Nun, das klingt einfach, ist es aber nicht wirklich. Im Prinzip bedeutet dieser Dresscode, dass es möglich ist, direkt vom Büro zu der Veranstaltung oder dem Anlass zu gehen. Gemeint ist damit normale Businesskleidung, Herren dürfen die Krawatte ablegen. Bei den Damen ist es einfacher, da sie keine Krawatten tragen, können sie diese auch nicht mehr ablegen und bleiben wirklich, wie sie sind. Dieser Dresscode gilt sehr oft für Essen im Kollegenkreis oder einen Drink am Abend ...

Smart Casual

Auch dieser Dresscode sorgt immer wieder für Konfusion. Dieser Look braucht eine freizeitliche Note mit einer gewissen Eleganz. Dies hinzubekommen, ist gar nicht so einfach. Qualitativ hochwertige Hosen aus festem Baumwollstoff, beispielsweise Chinos, und feine Pullis bieten sich an. Ein sportlicher Blazer oder ein Sakko sind erlaubt.

Das Hemd kann kurz- oder langärmlig sein, es wird keine Krawatte benötigt. Als Schuhe tragen Sie helle oder dunkle eher elegante Leder-Loafers oder Slipper. Für die Damen bieten sich Kleider, eine Hose oder ein Rock aus fester Baumwolle an. Zur Hose oder zum Rock wird eine Bluse oder ein Shirt getragen. Der Pulli ist aus edlem Material. Die Schuhe zur Hose können flach sein. Slipper oder Schnürschuhe passen am besten. Bloß keine Sneakers, die sind zu sportlich. Die Schuhe können dunkel oder auch heller sein. Jeans mit sportlichem Blazer sind dann erlaubt, wenn die Jeans sehr dunkel und eher elegant ist und nicht abgetragen wirkt. Es ist wichtig, dies hier so ausführlich zu erklären, da aus Erfahrung der Stil Smart Casual das meiste Kopfzerbrechen bereitet, besonders der Damenwelt.

Smart Casual wählen Menschen, die nur in Büros arbeiten, in denen lockere Geschäftsmäßigkeit der Dresscode ist, bei einem Brunch, beim Stadtbummel, beim legeren Freizeitprogramm eines Unternehmens.

Casual

Casual sagt aus, dass ein zwangloses Outfit zu wählen ist. Bitte auf keinen Fall mit Sport- oder Strandkleidung zu verwechseln, das könnte in manchen Fällen fatal sein. Gemeint sind Kleidungsstücke wie Jeans, Polo-Shirts, T-Shirts. Bitte keine kurzen Hosen, diese und auch Sandalen sind dem reinen Urlaubs-Outfit zuzuschreiben. Casual gekleidet zu sein bedeutet, bequeme Kleidung mit Freizeitcharakter zu tragen. Die verwendeten Materialien sind nicht von einem eleganten Hauch geprägt, wie beim Smart Casual, sondern können auch gröber sein. Casual gekleidet ist man normalerweise im Haus, bei zwanglosen Besuchen oder bei einem informellen Bummel durch die Stadt ...

Nun haben Sie einen Überblick über die wichtigsten Dresscodes gewonnen, die Ihnen im Laufe eines beruflichen und gesellschaftlichen Lebens begegnen können. Verwirrt? Hoffentlich nicht. Denn das ist nicht der Sinn dieser Erklärungen. Sie sollen Ihnen stattdessen einen sicheren, trittfesten Weg zu Ihrem persönlichen Stil ebnen. Der auch mal durchaus so aussehen kann, dass Sie entscheiden: Heute kreiere ich meinen eigenen Dresscode, bringe meine eigene Persönlichkeit ein. Aber genau dazu müssen Sie die Regeln kennen, um Sie unbesorgt und zu Ihren Gunsten brechen zu können.

Dresscode versus Human Brand?

Je strenger sich der Dresscode für ein Unternehmen oder eine Veranstaltung darstellt, desto weniger individuellen Freiraum gibt es für eigene Stilelemente und deren Interpretationen. Je lockerer der Dresscode ist, umso mehr Möglichkeiten bieten sich Ihnen, sich garderobentechnisch auszutoben. Wer sich nun als Marke mit Stil etablieren möchte, steht oft vor einem Dilemma. Entweder dem strikten Dresscode Folge zu leisten, also ein »braver und gehorsamer« Gast zu sein, damit aber Gefahr zu laufen, langweilig, bieder und wie alle anderen zu wirken. Also nicht aufzufallen, aber so auch seine Marke und vor allem sein etabliertes Image nicht zu beschädigen. Oder sich eindeutig zu sagen: Um mich als Marke zu etablieren, kann ich nicht aussehen wie alle anderen. Ich muss mich abheben. Abheben kann ich mich nur, wenn ich aus dem strengen Korsett des Dresscodes ausbreche. Direkt gesagt: Die Vorgaben der Marken-Persönlichkeit können dem Dresscode zuwiderlaufen. Oder anders ausgedrückt: Der Dresscode ist der natürliche Feind jeder auffälligen Marke!

Um im Rahmen Ihrer diversen Auftritte aufzufallen, ist es erforderlich, sich bis zu einem gewissen Grad zu exponieren und die Marke nach außen zu tragen. Das funktioniert aber auch schon mit outfittechnischen Kleinigkeiten. Es muss ja nicht gleich so gewagt sein wie beim Sänger Pharrell Williams, der zu einem offiziellen Black-Tie-Event zwar auf seinen üblichen Hut verzichtete, dafür aber die klassische Smokinghose in einer kurzen, bermudaartigen Variante trug ... Er war mit Sicherheit der meistfotografierte Mann dieses Abends ...

Die Dresscodes der Branchen

Unterschiedliche Berufe erfordern unterschiedliche Kleidungsstile. Für alle Branchen gilt: Die Kleidung der Mitarbeiter sollte in erster Linie immer das Firmenimage repräsentieren. Erkundigen Sie sich deswegen nach den firmeninternen Kleiderstilen, die Usus sind, wenn Sie eine neue Position antreten. Das gilt natürlich auch schon für die Bewerbungsgespräche, bei denen die Causa des berühmten ersten Eindrucks ja eine besondere Rolle spielt. Sollte es Ihnen nicht möglich sein, im Vorfeld Informationen zu erhalten, können Sie mit diskret gewählten Farben und Accessoires nichts falsch machen. Außer Sie bewerben sich in der Modebranche oder Werbeindustrie, dann ist ein kleiner Ausflug in Richtung eines etwas bunteren, kreativeren Outfits durchaus empfehlenswert.

Ihre gewählte Kleidung für den Tag sollte generell darauf abgestimmt sein, welche Arbeiten auf Sie warten, welche Termine Sie sich vorgenommen haben und vor allem, welche Menschen Sie treffen werden. Geht es bloß um interne Meetings mit Ihren Kollegen, können Sie für diese ein etwas sportlicheres Outfit wählen (wenn der Dresscode generell sportlicher ist). Das geht jedoch nicht in Unternehmen, die einen strengen Business-Dresscode haben.

Im Geschäftsleben gibt es jedoch sehr viele Branchen, die ihren ganz eigenen Outfit-Kodex entwickelt haben. In diesen Unternehmen können Mitarbeiter nur dann mit ihrem eigenen Stil punkten, wenn sie im Vorhinein wissen, was von Ihnen auch kleidungstechnisch erwartet wird.

Kleidung in Banken, Versicherungsgesellschaften, Rechtsabteilungen

Hier wird es mehr oder weniger strikt: Es gilt definitiv, ein dunkles Kostüm, einen Hosenanzug oder einen Businessanzug mit Krawatte zu tragen, und zwar jeden Tag. In diesen Branchen ist es wichtig, Werte wie Seriosität, Vertrauen und Sicherheit zu vermitteln, und diese Werte werden vor allem auch über die Kleidung transportiert. Dabei ist zu beachten: Auch die Mitarbeiter des Back-Office-Bereichs sind regelmäßig im Haus unterwegs und sollten diese Kleiderregeln deswegen beachten. Sie können allerdings in ihren Büros, in denen ja kein direkter Kundenverkehr stattfindet, ihren Blazer oder ihr Sakko ausziehen ...

In diesen beruflichen Bereichen ist ein gewisses Understatement stets das Ziel aller gewählten Outfits. Die Kleidung sollte aber stets modern und niemals konservativ wirken. Für Termine mit Kunden empfehlen sich immer dunkle und gedeckte Farben.

Kleidung im Management, Consulting, Training, Marketing und in der PR

Wenn Sie in diesen Gebieten arbeiten, dürfen Sie sich einen Hauch schicker kleiden als in den rein klassischen

Businessdisziplinen, trotzdem sollten Sie auf übertrieben modische Aspekte verzichten. Entscheiden Sie sich am besten für einen kompletten Hosenanzug oder Anzug oder eine Kombination aus Blazer und Sakko und dazu passender Hose. Wenn Sie direkt in der Werbebranche tätig sind, können auch bloß Hosen und Pullover getragen werden. Mit qualitativer Business-Kleidung in dunkleren Farben sind Sie hier immer richtig unterwegs. Ob eine Krawatte erforderlich ist, sehen Sie vor Ort je nach den Gepflogenheiten des jeweiligen Unternehmens, grundsätzlich weicht die Krawatte mehr und mehr aus diesen Branchen.

Kleidung im Verkauf – High-Tech, Computer, Software, technische Produkte, medizinischer Bedarf

In diesen Branchen ist es notwendig, einen klaren professionellen Look zu transportieren. Wir sprechen hier nach wie vor vom klassischen Business-Stil, der Kostüme, Hosenanzüge, Anzüge und Kombinationen in mittleren bis dunklen Farbschemen erfordert. Vermeiden Sie auf jeden Fall ein total schwarzes Outfit in Kombination mit einer weißen Bluse. Besser sind gedeckte Farben, die nicht aufdringlich, aber doch modern sind. Das Tragen einer Krawatte betreffend richten Sie sich auch hier nach den Gepflogenheiten des jeweiligen Unternehmens.

Kleidung in der Dienstleistung – Makler, Gastronomie, Hotel, Verkauf

In diesen Bereichen sollte Ihr Outfit zwar schon geschäftsmäßig sein, aber Sie dürfen durchaus modische Akzente setzen. Die Hosenanzüge, Kostüme, Anzüge und alle Kombinationen, die Sie für sich wählen, dürfen auch andere

Farben zeigen als die rein dunklen Businessfarben. Aber auch hier gilt: Bei formellen Terminen und Events besinnen Sie sich auf die klassische Geschäftskleidung. Das Tragen einer Krawatte hängt auch hier wieder von den Gepflogenheiten des jeweiligen Unternehmens ab, denen Sie sich am besten anpassen.

Kleidung im Direktvertrieb

Hier hängt Ihr Outfit davon ab, welche Art von Produkt Sie verkaufen. Grundsätzlich gilt: Je hochwertiger das Produkt und je höher der Preis, umso professioneller müssen Sie auftreten. Vertreten Sie ein konservativeres Produkt, empfehlen sich dunkle oder zumindest neutrale Farben. Achten Sie aber trotzdem darauf, nicht zu streng zu wirken. Ist Ihr Wirkungsbereich in Mode und Schönheit angesiedelt, erwartet Ihre Umgebung geradezu, dass Sie farbenfroher auftreten. Schlagen Sie aber nicht so sehr über die modischen Stränge, dass Ihre Zuhörer bei Ihren Präsentationen und Produktvorstellungen mehr auf Ihr Outfit starren als auf Ihre Verkaufsartikel! Bewahren Sie deswegen immer einen professionellen Touch! Ihr Outfit kann auch sportlich-elegant sein, wobei Sie Ausflüge in Richtung »zu bunt« oder gar »nachlässig« nicht zulassen sollten. Ob Frauen für Kostüme, Hosenanzüge, Kombinationen oder auch Zweiteiler, Männer für Anzüge oder Kombinationen optieren, dies entscheidet das jeweilige Produkt. Ihre Kleidung sollte auf jeden Fall immer die Qualität der Produkte, die Sie vertreiben, widerspiegeln!

Denken Sie an den Ausspruch von Hans Christoph von Rohr, dem ehemaligen Vorstandsvorsitzenden des Stahlkonzerns Klöckner: »Kapital lässt sich beschaffen, Fabriken kann man bauen, Menschen muss man gewinnen.« Das gilt speziell im Bereich des Direktmarketing. Nutzen Sie besonders hier Ihren individuellen Stil, um erfolgreich abzuschließen.

Kleidung im kreativen Business – Werbung, Medien, Modebranche, Touristik, Verlagswesen

In diesen Bereichen warten Ihre Kunden geradezu auf Ihren Zuruf, der Kreativität pur ausstrahlt! Hier können Sie in die Vollen greifen, alles darf modischer, bunter, kreativer und kraftvoller im Ausdruck sein. Achten Sie im einzelnen Fall immer darauf, welche Art von Kunde Ihnen gerade gegenübersteht. Manche vertragen eine Dosis mehr an Kreativität als andere, konservativere Menschen. Signalisieren Sie durch Ihr Outfit, dass Sie wissen, wie Trends zu setzen sind, seien Sie aber trotzdem ein wenig zurückhaltend. Wenn Sie jedoch auf der anderen Seite zu konservativ erscheinen, wird man Ihnen Ihre kreative Ader absprechen ... Viele Menschen in diesen Berufen fahren eine durchgängige Schiene in Schwarz. Das kann Distanz schaffen, wo Sie keine wünschen. Verabschieden Sie sich deswegen davon und setzen Sie farbliche Akzente durch trendige Krawatten, Uhrbänder, Ringe oder andere auffällige Accessoires.

Kleidung für Lehrberufe – Lehrer, Erwachsenenbildner, Trainer

Hier kommt es darauf an, in welchem Bildungssegment Sie sich bewegen. Lehrer an einer öffentlichen Schule müssen sich geradezu leger kleiden, um auch angenommen zu werden. Trainieren Sie aber z.B. Bankangestellte, passen Sie sich deren Dresscode an, was natürlich einen Businessanzug erfordert, um Ihrer aller Image entsprechend zu unterstreichen.

Gerne können Sie hier mit Ihrem Business-Outfit etwas farbenfroher auftreten. Vermeiden Sie aber Ablenkungen und dadurch Diskussionsstoff bei Ihren »Schülern« durch auffälligen Schmuck, zu kurze Röcke oder schrille Farben. Das könnte zudem Ihre Kompetenz schmälern, was vor größeren Gruppen fatal wäre!

Wenn Sie Seminare oder Trainings über mehrere Tage hinweg geben, ist am ersten Tag eher eine zurückhaltende Variante Ihres Kleidungsstils angebracht. So bauen Sie Vertrauen bei Ihren Teilnehmern auf. Wenn Sie am zweiten oder dritten Tag diese Menschen dann besser kennen, können Sie es sich erlauben, etwas legerer oder modischer zu werden. Vor jedem Training und Seminar sollten Sie sich als professioneller Weiterbildner auf jeden Fall über das Image und den Dresscode des Unternehmens schlau machen, dessen Mitarbeiter sich in Ihre Obhut begeben.

Checkliste – Was passt zu welchem Anlass:

Private Momente – Casual
- Ein Spaziergang in der Stadt
- Daheim
- Museumsbesuche, ein Kinoabend

Zwanglose Anlässe – Smart Casual
- Grillen mit Freunden
- Familientreffen
- Tanzabende
- Vereinstreffen
- Sommerfeste in lockerer Runde
- Brunch-Treffen

Halboffizielle Anlässe – Business Casual
- Besuch von Seminaren
- Vortragsabende
- Business-Mittagessen
- Geschäftliche Meetings mit Marketing, PR, Verkauf
- Elternabende in der Schule
- Konzert oder Theater – kommt auf den Rahmen an
- Unternehmens-Eröffnungen

Offizielle Anlässe – Businessanzug, festlicher und dunkler Anzug, Smoking
- Bewerbungsgespräche
- Business-Abendessen
- Meetings
- Als Redner bei öffentlichen Vorträgen und Präsentationen
- Kundenkontakt mit Versicherungen und Banken
- Bälle und Galaabende (hier gilt: festlicher und dunkler Anzug und Smoking)
- Diplomfeiern
- Premieren (festlicher und dunkler Anzug, Smoking bei den Salzburger Festspielen oder in Bayreuth)
- Einweihungen und Würdigungen
- Konzert- und Theaterabende
- Cocktailempfänge
- Hochzeiten
- Taufen
- Beerdigungen
- Firmungen und Kommunionen

Hochoffizielle Anlässe – Cut, Frack, Smoking
- Trauerfeier für hohe Würdenträger (Schwarzer Cut, besonders in Monarchien)
- Hochzeiten besonders in Adelskreisen (Cut)
- Pferderennen, z.B. in Ascot (Cut)

- Wiener Opernball (Frack zwingend)
- Nobelpreisverleihung (Frack zwingend)
- Opernaufführungen der Salzburger Festspiele und Bayreuther Festspiele (Smoking)
- Frankfurter und Züricher Opernball (Smoking und Frack)

Hier ist zu beachten: Dies ist ein allgemeiner Überblick und nicht immer zwingend für den Einzelfall anzuwenden. Gewisse Anlässe lassen sich nicht punktgenau einordnen. Es können unter Umständen auch mehrere Dresscodes gelten. Erkundigen Sie sich im Zweifelsfall direkt bei den Organisatoren!

11. KLASSE – DIE WAHRE MEISTERSCHAFT

Wir hören oft: Diese Person hat Klasse! Aber was bedeutet »Klasse zu haben« eigentlich genau? Wie definiert sie sich? Die erste Aufgabe von Klasse ist es, Ihren Stil zu unterstreichen! Nur wer Klasse hat, wird auch mit Klasse wahrgenommen. Klasse hat immer etwas Meisterhaftes an sich. Echte Klasse ist dabei diskret und nie auffällig. Echte Klasse wirkt groß und ist doch gleichzeitig ganz still. Echte Klasse ist schlicht und transportiert einen leisen, eleganten Stil. Echte Klasse beschränkt sich auf das Minimale, aber dafür auf das ganz Besondere. Wer für sich ein Marken-Image mit Klasse aufbaut, bezieht sich immer auf das Grundlegende und niemals auf das Auffallende.

Luca Cordero di Montezemolo, der ehemalige Verwaltungsratsvorsitzende von Ferrari hat Klasse. Diese saugen die meisten Italiener beneidenswerterweise schon mit der Muttermilch auf. Auch Grace Kelly oder die schwedische Königin Silvia sind Paradebeispiele an Klasse.

Klasse ist der Spiegel Ihrer inneren Haltung. Um Ihre Klasse zu unterstreichen, müssen Aussehen und Verhalten stets im Einklang sein. Ja, Ihr gesamter Marken-Ausdruck muss diese Klasse widerspiegeln. Es handelt sich um ein Klasse-Gesamtpaket, das Sie so nach außen präsentieren. Denn Ihr kleidungstechnischer Auftritt kann noch so perfekt sein, wenn Ihr Verhalten dieser outfitmäßigen Perfektion nicht entspricht, wird jeder, dem Sie gegenüberstehen, sofort erkennen, dass hier etwas nicht wirklich stimmig ist.

Wir haben uns ja schon intensiv mit den diversen Dresscodes auseinandergesetzt. Wie bringen wir nun die Themen Dresscode und Klasse unter einen Hut? Ist das überhaupt möglich? Ja, durchaus. Wer Klasse hat, kennt nämlich die Dresscodes in- und auswendig, kann perfekt damit umgehen und wird niemals over- oder underdressed auftreten. Ein Mensch mit Klasse weiß haargenau, was man wo trägt und unterstreicht mit seinem Outfit stets geschickt den Anlass.

Hat Klasse mit Geld zu tun?

Um einen klasse Marken-Auftritt zu kreieren, brauchen Sie nicht unbedingt enorme Mengen an finanziellen Mitteln. Auch mit einem limitierten Shopping-Budget kann jeder Klasse ausstrahlen. Das ist eher eine Frage von gewusst wie. Sie müssen nur wissen, worauf Sie zu achten haben.

Klasse zu erlangen ist harte Arbeit und verlangt einen gewissen Aufwand. Ein geistiges »Klassenbewusstsein«, wenn Sie so wollen. Sie wählen sehr, sehr sorgfältig, was Sie kaufen und ziehen so das Thema Klasse täglich durch. Beim Shoppen bedeutet das, dass Sie auch bei kleinem Budget immer nur die besten Kleidungsstücke, die es für Ihr Preissegment gibt, auswählen. Beachten Sie dabei unbedingt: Wenn Sie den Stil »Klasse« durchziehen wollen, kaufen Sie lieber weniger und das sehr gut, als viele Teile in schlechterer Qualität. Diese Vorgangsweise stellt auf jeden Fall ein ausgezeichnetes Investment dar, denn echte Klasse ist zeitlos, sie geht nicht mit der Mode. Insofern können Sie Ihre hochwertigen klassischen Kleidungsstücke über lange Jahre hinweg tragen.

Human Branding und Klasse

Grundvoraussetzung für eine klasse Human Brand ist es, Ihren eigenen Stil zu entwickeln und diesem treu zu bleiben. Heute diesen Stil zu zeigen, morgen jenen und übermorgen wieder einen anderen, wird Sie sicher nicht in den Orbit der Menschen mit Klasse katapultieren. Klasse bedeutet vor allem modern, aber sicher nicht modisch gekleidet zu sein. Ein wildes Hin- und Herspringen zwischen den Stilen und gerade herrschenden Modetrends ist also nicht die Lösung.

Setzen Sie auf Qualität anstatt auf Quantität. Fokussieren Sie sich beim Einkaufen auf wenige, hochwertige Stücke oder wählen Sie günstige Teile, die hochwertig aussehen.

Das Attribut »Echte Klasse« ist schwer verdient, bedeutet immensen Aufwand und ist alles andere als pflegeleicht. Um es zu erlangen, benötigen Sie ein Gesamt- und Dauer-Sorgfaltsprogramm für Frisur, Kleidung und Schuhe. Mit Argusaugen heraushängende Nasenhaare jagen; Nackenhaaren, die seit dem letzten Friseurbesuch ausgeufert sind, auf den Leib rücken; Fäden, die aus Knopflöchern ragen, den Garaus machen; Schuhe so blank putzen, dass Sie sich darin spiegeln könnten ... Das klingt anstrengend und ist es auch. Sehr. Wer die Disziplin nicht hat, seiner Kleidung stets einen straff gebügelten und auch sonst perfekten Anschein zu verleihen und auf jedes kleinste Detail akribisch zu achten, der hat keine Klasse. Wer die falsche Handtasche trägt, weil das Aus- und Umräumen zu mühselig ist, der hat keine Klasse. Es reicht auch nicht, nur im beruflichen Umfeld Klasse zu haben. Klasse ist eine umfassende Grundeinstellung in allen Lebenslagen. Wer im Beruf im Klasse-Business-Outfit auftritt und dann am Samstag mit zerschlissenen Jeans, abgetragenem Polo-Shirt und ausgetretenen Schuhen zum Einkaufen in den Supermarkt geht, wird nicht dauerhaft zur Kategorie Klasse gehören können.

Klasse erleichtert den Alltag

Wer sich dafür entscheidet, Klasse in allen Bereichen zu leben, hat es im Business-Alltag plötzlich viel leichter. Wenn Sie nämlich über eine gut kombinierbare, klassische Garderobe verfügen, müssen Sie nicht mehr ständig überlegen, was Sie heute anziehen. Sie besitzen schließlich nur wenige, aber ausgezeichnete Stücke. Da Klasse nichts mit der herrschenden Mode zu tun hat, gibt es nicht sehr viele Farben und nicht Hunderte Moderichtungen, aus denen Sie wählen müssen. Das spart Ihnen eine Menge Zeit beim Einkaufen und beim Kombinieren.

Fürs Business benötigen Sie in der Kategorie Klasse sechs bis acht Hemden oder Blusen in hellen Farben. Sie wählen dazu als Grundausstattung mindestens vier bis sechs Anzüge, Kostüme oder Hosenanzüge in wenigen dunklen und gedeckten Farben, die zu Ihnen passen. Wenn die Frau mit Klasse Farbe trägt, dann ist diese nie auffallend, sondern immer zurückhaltend. Die Stoffe sind niemals aus Polyester und haben eine hohe Qualität. Am besten eignen sich fürs Business feine Wollarten. Diese Materialien knittern kaum, hängen sich von allein aus und müssen weniger oft gebügelt werden. Die Herren wählen ihre Sockenfarben passend zu ihren Anzügen, die Damen vermeiden Strumpfhosen mit Mustern. Die Schuhe sind für Damen wie Herren schlicht und aus edlem Leder, passend zum Outfit. Achtung: Zweifarbige Schuhe oder Schuhe mit Verzierungen haben keine Klasse! Sie tragen stets das zu Ihnen passende diskrete Krawattenmuster, vielleicht alternierend auch noch ein zweites, aber nicht heute Punkte, morgen Karo, übermorgen Streif und dann noch Fantasiemuster, weil es gerade in ist. Brillen sind passend zum Gesicht und Outfit sorgfältig abgestimmt. Die Handtasche oder Aktentasche ist elegant und zeitlos und selbstverständlich nicht abgetragen. Rucksäcke, Plastikhandtaschen oder billige Synthetikschuhe mit Gummisohlen gehören nicht in die Welt der Klasse. Der

Werbekugelschreiber ist ebenfalls ein totales No-Go. Es gibt schöne hochwertige und nicht zu teure Kugelschreiber, die zwar keine Marke sind, jedoch Klasse haben. Gehen Sie auf die Suche, besorgen Sie sich Schreibgeräte dieser Art für Ihren Klasse-Gesamtauftritt. Zusammengefasst gilt zum Thema Klasse: Alles, was Sie tragen, ist qualitativ hochwertig und zeitlos.

Wer mit der eigenen Human Brand beruflich Klasse demonstriert, muss diese Klasse auch in die Freizeit mitnehmen. Wählen Sie auch für Ihre freizeitlichen Aktivitäten stets stilvolle, schlichte, zeitlose Garderobe von exzellenter Qualität. Ob Sie eine – zugegebenermaßen nicht sonderlich elegant aussehende – Chinohose tragen, einen Pulli oder ein leichtes Sommerkleid zum Besuch bei Freunden, es bleibt bei den gleichen qualitativen Prinzipien, die bei der Business-Kleidung gelten. Klasse bedeutet einfach, immer und überall wie aus dem Ei gepellt zu erscheinen. Wenn Sie sich dafür entscheiden, müssen Sie diese Richtung »gnadenlos« durchziehen, ob in der Vorstandsetage, im Büro, beim Einkaufen oder auf dem Segelboot!

Klasse als Markenbestandteil

Für wen passt es überhaupt, seine Markenpersönlichkeit auf Klasse hin auszulegen? Kann und soll das jeder? Manchen ist Klasse angeboren und resultiert oft aus der Erziehung eines Menschen oder aus dem Umfeld, in dem er sich lange Zeit bewegt hat. Das bedeutet aber nicht, dass jemand, der diese Erziehung nicht genossen hat, nie Klasse erreichen kann. Klasse ist entwickel- und lernbar, wie alles im Leben. Sie können Stilexperten mit Klasse konsultieren – Achtung, nicht alle weisen diese auf – oder noch besser Menschen mit echter Klasse identifizieren, diese beobachten und deren Attribute auf Ihre eigene Weise Schritt für Schritt umsetzen.

Klasse zu entwickeln ist also für all jene möglich, die dies wirklich wollen. Die Frage ist vielmehr: Wollen sie es? »Klasse« kann jeder tragen, aber nicht jeder Charaktertyp – mehr dazu im Kapitel »Die 6 Charaktertypen und ihre Kleidung als Statement« – will das auch oder würde darin authentisch aussehen. Klasse ist ja auch anstrengend in der Durchführung und erfordert hohe Disziplin in der Umsetzung. Eher chaotische Menschen würde dieser Markenstil total unter Druck setzen und dadurch insgesamt unglücklich machen. Menschen mit einem ausgeprägten Faible für Muster und Menschen, die die neueste Mode lieben, würden sich eingeengt fühlen in der Verwirklichung Ihrer persönlichen Marken-Philosophie. Menschen, die Kleidung bloß als wärmende Hülle sehen, haben für Klasse logischerweise auch kein Verständnis. So gesehen ist Klasse also nicht für jeden geeignet! Wer allerdings erkennt, dass es beruflich einen immensen Vorteil hat, Klasse aufzuweisen, kann diesen Stil erlernen und sich so aus der Masse der Business-Outfit-Träger herausheben.

12. WIRKUNG – EIN WICHTIGER FAKTOR DER HUMAN BRAND

Wie, jetzt auch noch Wirkung? Ja, Sie sind es sich im Prozess der Entwicklung der eigenen Human Brand auch schuldig, Ihre jeweilige Wirkung in den diversen Outfits und deren Farben und Formen, die Sie wählen, zu erkennen und zu überprüfen. Wie Sie insgesamt wirken ist ein weiteres wichtiges Kriterium der Marken-Bildung. Mit unserer Kleidung beeinflussen wir ganz wesentlich unseren persönlichen Auftritt und den Eindruck, den wir damit hinterlassen. Im Privatleben, aber vor allem auch auf geschäftlicher Ebene ist das ein nicht unwichtiger Aspekt, den es zu berücksichtigen gilt. Farben, Stoffe und Muster spielen bei der Wirkung unserer Kleidung eine große Rolle. Dazu ist es wichtig zu wissen: Dunkle Farben wirken generell formell, mittlere und helle Farben leicht und entspannt. Auch glatte Stoffe sind formeller, eleganter und professioneller. Strukturierte Stoffe hingegen wirken informeller und signalisieren Ihrem Gegenüber mehr Zugänglichkeit.

Streng oder freundlich?

Es gibt Menschen, die von Natur aus eine gewisse Strenge ausstrahlen und eine starke Präsenz aufweisen. Das ist an sich im toughen Business gut so, aber vielleicht hegen diese

Menschen ja im Grunde ihres Herzens doch den Wunsch, ein wenig ansprechender und freundlicher zu wirken. Was können sie tun?

- Weiche und fließende Stoffe wirken weniger streng als feste Materialien.
- Es empfehlen sich mittlere Farbkontraste, wie die Kombination von Mittelgrau mit Hellblau – diese wirken von Natur aus freundlicher als sehr hohe Farbkontraste, wie z.B. das sehr knackig strenge Schwarz und Weiß.
- Auch ein gerundeter Kleiderstil bei Damen (rundes Revers, runder Schmuck) zeigt mehr Verbindlichkeit und Freundlichkeit.
- Verschwommene Muster wirken weicher als klar abgegrenzte Muster.
- Dunkle Farben wirken immer strenger, mittlere Farben wie Mittelblau und Mittelgrau wirken freundlicher und zugänglicher.

Wie wichtig es sein kann, seine Power-Wirkung auch einmal herunterzufahren, zeigt das Beispiel von Marco, einem Außendienstmitarbeiter einer Versicherung. Er ist jung, dunkelhaarig mit dunklem Teint und einem Faible für elegante Kleidung. Nach seiner eben abgeschlossenen Ausbildung zum Versicherungskaufmann bricht er mit seinem Agenturchef – Typ Joschka Fischer – zum ersten Kundenbesuch auf. Mario trägt einen hocheleganten schwarzen Anzug, ein weißes Hemd und eine dunkelrote Krawatte. Der Agenturchef erscheint in einem mittelgrauen Anzug, hellblauem Hemd und einer schlichten Krawatte. Er sieht Mario und schickt ihn sofort nach Hause zum Umziehen. Warum? Die Agentur befindet sich in der Provinz, die Kunden sind hauptsächlich Privatpersonen. Marios Outfit wäre viel zu streng und distanziert für diese Klientel, die einen Versicherungsberater auch mal in Birkenstock-Sandalen und Jeans empfängt. Der erfahrene Agenturchef hatte dies sehr gut analysiert, seine eigene Kleidung angepasst und pfiff seinen neuen Mitarbeiter kleidungsmäßig gerade noch rechtzeitig zurück ... In einem mittelblauen Anzug, einem hellblauen Hemd und einer dezenten Krawatte rückt Mario an diesem Tag noch einmal aus, erhält das Wohlwollen seines Agenturchefs und kommt bei den Kunden gut an.

Im umgekehrten Fall gibt es Menschen, die zu freundlich und zugänglich wirken und daher eine etwas kraftvollere und präsentere Wirkung anstreben, um noch erfolgreicher zu sein. Diese sollten folgende Regeln beachten:

- Feste Stoffe sind kraftvoller und aussagekräftiger als weiche Materialien.
- Glatte, feine Stoffe sind formeller und wirken professioneller.
- Kombinationen auf einer hohen Farbkontrastebene sind kraftvoller, zeigen mehr Autorität und sind wirkungsvoller als auf einer niedrigen bis mittleren Farbkontrastebene. Hier ist z.B. die erwähnte strenge Kombi aus Weiß und Schwarz angebracht!
- Mit einem strengen Kleiderstil (eckiges Revers, eckiger Schmuck) signalisieren Sie Geradlinigkeit und zeigen gleichzeitig Ecken und Kanten.
- Strenge und klar dargestellte Muster sind kraftvoller als verschwommene Muster.
- Symmetrische Muster wirken professioneller als unruhige und wilde Muster.
- Dunkle Farben wirken strenger als helle Farben.

Wer bei einer Gehaltsverhandlung zu weich wirkt, hat schon verloren, bevor der erste Satz gesagt wird. Sybille ist sich dieser Tatsache voll bewusst. Schon am Vorabend überlegt sie deswegen genau, was sie anziehen soll. Das hellgraue Ensemble oder doch den dunkelblauen, strenger wirkenden Hosenanzug? Im Spiegel erkennt sie nach genauem

Abwägen, dass ihr das dunkelblaue Outfit mehr Kontur und Strenge verleiht. Das hellere Kostüm macht zu weich und vermittelt eine in diesem Fall falsche Botschaft. Das strikte dunkelblaue Kostüm mit der cremefarbenen Bluse gibt ihr die nötige Kompromisslosigkeit, die sie in der wichtigen Verhandlung benötigt. Der nächste Tag: Ihr Chef präsentiert sich auch im dunkelblauen Anzug, hoch kontrastig und machtvoll – sie spürt sofort, dass sie eine gute Wahl getroffen hat, kaum angreifbar ist und auf Augenhöhe agieren kann. Die Verhandlung läuft hervorragend, Sybille kann die von ihr gewünschte Gehaltserhöhung durchsetzen.

Wer alle diese Punkte beherzigt, kann lernen, mit seiner Wirkung etwas mehr zu »spielen«. So können Sie je nach Anlass eine strengere oder freundlichere Wirkung bewusst erzielen und zu Ihrem Vorteil nutzen.

Was wären wir ohne Kontraste?

Wir haben uns schon eingehend mit den Farben, die eine Human Brand nach außen tragen, beschäftigt. Dabei ging es um die Farbpsychologie, also die Botschaften, die die verschiedenen Farben transportieren. Nun geht es um die Wirkung der Farben untereinander und ihre Kontraste.

Untersuchungen haben gezeigt, dass große Farbkontraste, die kombiniert werden, kompetenter wirken als die Kombination vieler ähnlicher Farbnuancen. Es gilt aber auch: Je höher die Position einer Person, umso dunkler sollte das Outfit sein. Ein CEO im beigen Anzug wird nicht die volle Wirkung von Kompetenz ausstrahlen, die er sich wünscht.

Ein dunkler Anzug oder ein gedecktes Kostüm mit hellem Hemd oder heller Bluse wirkt überzeugender als ein hellgrauer Anzug oder ein helles Kostüm mit weißem Hemd oder weißer Bluse. Kontrastarmut wirkt im wahrsten Sinne des Wortes eintönig und farblos. Sie wirken sofort inkompetenter. Sie bestechen durch keine Auffälligkeiten und werden unbewusst als unbedeutend eingestuft.

Nutzen Sie für brisante Situationen bewusst den höchsten Farbkontrast, den Schwarz-Weiß-Kontrast. Das wirkt strikt und sagt aus: Ich habe meinen Standpunkt und den vertrete ich. Dies bietet sich im strengen Business und bei sehr wichtigen Verhandlungen an.

Optieren Sie für den mittleren Farbkontrast, wenn Sie zwar stark, aber doch verbindend und teamorientiert auftreten wollen. Der sich hier anbietende Farbkontrast ist Mittelgrau mit Hellblau in Kombination. Für Damen steht auch die Mischung aus Petrol und Zartgrün oder Bordeaux mit Crèmefarbe zur Verfügung. Sie wirken so weit weniger streng und transportieren die Botschaft, dass Sie sich auf andere und ihre Meinungen einlassen können.

Vergessen Sie die Option »wenig Farbkontrast« im Business sofort wieder. Das wären zum Beispiel nur Schwarz, nur Beige oder wenig abweichende Untervarianten davon. Das wirkt auf den Betrachter farblos, damit kraftlos und keines zweiten Blickes wert. Diese Kombinationen sind im Geschäftsleben nicht zu empfehlen.

13. DIE
6 CHARAKTERTYPEN
UND IHRE KLEIDUNG
ALS STATEMENT

Ihre Stilreise geht weiter! Der folgende Test gibt Aufschluss über den jeweiligen Charaktertypus und was dieser mit der gewählten Kleidung als Statement zu tun hat. Wie im ersten Teil des Buches bereits erwähnt, können wir 6 verschiedene Charaktertypen der jeweiligen Markenpersönlichkeit zuordnen. Nun sehen wir uns an, wie diese Charaktertypen sich vorzugsweise kleiden. Damit Sie nun Ihren ganz persönlichen Stil weiterentwickeln können, ist es an der Zeit, Ihren persönlichen und individuellen Charaktertyp zu eruieren.

Neugierig geworden? Was wird Ihr Test ergeben? Sind Sie tiefsinnig? Oder etwa kreativ? Ein Macher mit einer Prise Eleganz? Oder ein Entertainer mit einer sozialen Ader? Alles ist möglich. Es geht los:

So gehen Sie vor: Kreuzen Sie pro Block so viele Kästchen an, so wie es Ihnen Ihr erster Gedanke beim Lesen eingibt. Sie haben kein Limit an Häkchen, es kann also sein, dass Sie bei »Der Tiefsinnige« fast alles ankreuzen und bei einem anderen Block wie »Der Soziale« nur zwei Begriffe wählen. Wichtig ist, dass Sie Ihre Zwischenresultate nach jedem Block notieren, um Ihr Gesamtresultat im Anschluss leichter auszuwerten.

Charaktertypen-Test
Welcher Typ sind Sie?

Der Tiefsinnige

6

- ☑ fantasievoll
- ☐ unabhängig
- ☑ unkonventionell
- ☑ weise

- ☐ nach innen gekehrt
- ☑ sensibel
- ☑ intellektuell
- ☐ wachsam

- ☑ spirituell
- ☐ exzentrisch
- ☐ Einsamkeit liebend
- ☐ geheimnisvoll

Notieren Sie hier, wie viele Häkchen Sie in diesem Bereich insgesamt gesetzt haben: ___

Der Kreative

4

- ☐ unkonventionell
- ☐ kreativ
- ☐ unangepasst
- ☑ sensibel

- ☐ auffällig
- ☑ rebellisch
- ☑ vielseitig
- ☐ ausgeflippt

- ☑ begeisterungsfähig
- ☐ freiheitsliebend
- ☐ ideenreich
- ☐ schöpferisch

Notieren Sie hier, wie viele Häkchen Sie in diesem Bereich insgesamt gesetzt haben: ___

Der Macher

8

- ☑ ehrgeizig
- ☑ anspruchsvoll
- ☑ direkt
- ☐ selbstbewusst

- ☑ dynamisch
- ☐ initiativ
- ☑ motivierend
- ☑ mutig

- ☐ jugendlich
- ☑ wachstumsorientiert
- ☑ gesundheitsfokussiert
- ☐ wagemutig

Notieren Sie hier, wie viele Häkchen Sie in diesem Bereich insgesamt gesetzt haben: ___

Der Entertainer *8*

- [ ] fesselnd
- [x] unterhaltend
- [ ] fröhlich
- [x] bestimmt
- [x] spaßig
- [x] schalkhaft
- [ ] enthusiastisch
- [ ] impulsiv
- [x] leidenschaftlich
- [ ] verführerisch
- [x] kommunikativ
- [x] humorvoll

Notieren Sie hier, wie viele Häkchen Sie in diesem Bereich insgesamt gesetzt haben: ___

Der Soziale *3*

- [x] nächstenlieb
- [ ] diplomatisch
- [x] zuverlässig
- [ ] verpflichtend
- [ ] geerdet
- [x] verantwortungsvoll
- [ ] angepasst
- [ ] friedvoll
- [ ] traditionell
- [ ] gemütlich
- [ ] sozial/aufopfernd
- [ ] fürsorglich

Notieren Sie hier, wie viele Häkchen Sie in diesem Bereich insgesamt gesetzt haben: ___

Der Elegante *9*

- [ ] analytisch
- [x] kritisch
- [x] organisiert
- [x] zugehörig
- [x] elegant
- [x] gebildet
- [x] kultiviert
- [x] genau
- [ ] reserviert
- [x] diszipliniert
- [ ] klar
- [ ] formell

Notieren Sie hier, wie viele Häkchen Sie in diesem Bereich insgesamt gesetzt haben: ___

Wählen Sie nun sehr spontan, ob Sie sich eher als introvertiert oder extrovertiert wahrnehmen und setzen Sie das entsprechende Häkchen.

- [ ] introvertiert
- [x] extrovertiert
- [ ] weder noch

Beim Ankreuzen haben Sie schon erkannt, dass es mehrere mögliche Charaktertypen für Sie geben kann bzw. eine Mischung daraus. Wir Menschen sind ja nun einmal aus diversen Facetten zusammengesetzt und verfügen über unterschiedliche Eigenschaften. Manche von uns haben einen klar erkennbaren Hauptcharakter, bei anderen verteilen sich sie Eigenschaften relativ gleichmäßig auf verschiedene Typen. Je klarer Sie einen Typ für sich zuordnen können, desto mehr sollten Sie diesen Charakter durch Ihre Kleidung unterstreichen. Wenn Ihr Ergebnis zeigt, dass Sie mehrere Typen repräsentieren, können Sie jeden Tag aufs Neue frei entscheiden, welchen Typ Sie aktuell zeigen und hervorheben wollen.

Charaktertypen-Test – Auswertung

Sie haben nun alle Ihre Häkchen gesetzt. Ihre Wahl ist somit getroffen. Sehen Sie sich jetzt bitte alle Gesamtzahlen an, die Sie nach jedem Block notiert haben. Beginnen Sie mit der höchsten Zahl, die Sie festgehalten haben und lesen Sie die hier unten folgende korrespondierende Auswertung, die auf Sie zutrifft. Dann nehmen Sie die zweithöchste Zahl und verfahren auf die gleiche Weise. So setzen Sie fort, bis Sie alle Ergebnisse durchgegangen sind. Die höchste Zahl ist Ihre Hauptausrichtung. Wenn Sie diese beispielsweise beim »Eleganten« erreicht haben, ist das Ihr herausragender Charaktertyp. Lesen Sie auf jeden Fall auch die Ränge zwei und drei, um Ihre zusätzlichen Ausrichtungen zu verstehen und sich danach zu richten.

Der Kleidungsstil der Tiefsinnigen

Prominente Beispiele: Paulo Coelho, Richard David Precht, Carla Bruni

Selten trifft man Tiefsinnige in Berufen, in denen sie ihr Sein nicht voll und ganz leben können. Ihr Kleidungsstil kann avantgardistisch sein, aber auch geheimnisvoll und extravagant. Sie bevorzugen Schwarz. Paulo Coelho ist ein klassisches Beispiel dafür. Ist Business-Kleidung erforderlich, so garnieren die Tiefsinnigen diese stets mit extravaganten Accessoires oder Details. Das kann bei einer Frau z.B. ein Nadelstreifanzug in Kombination mit außergewöhnlichen Schuhen sein. Für einen Mann kommt ein sehr spezielles Krawattenmuster oder auch ein extravaganter Schuh infrage. Fügen die Tiefsinnigen diese kleinen Details nicht zu ihrem Outfit hinzu, fehlt ihre persönliche Note und diese Menschen wirken plötzlich wie verkleidet und nicht wie sie selbst.

Der Kleidungsstil der Kreativen

Prominente Beispiele: Johnny Depp, Vivienne Westwood, Wolfgang Joop

Intensiv Kreative lehnen Regeln kategorisch ab. Für den Kreativen gilt beim Kleiderstil stets das Motto: »Warum nicht?« Kreative müssen sich extrovertiert und auffällig ausdrücken. Das ist ihr Lebenselixier, ihr Grund, am Leben zu sein. Ein Paradebeispiel dafür ist Vivienne Westwood, die lange mit rotorangen Haaren bekannt war, dann Glatze trug und als letztes bekanntes Stilelement mit weißem Haupt unterwegs ist. Veränderung ist ihr Motor, Neues ihre Luft zum Atmen. Ihre Kleiderkreationen sind legendär ... Während Tiefsinnige auf den zweiten Blick wirken möchten, wollen Kreative dies sofort und auf den ersten Blick erreichen. Die Kleidung der extrovertierten Kreativen ist logischerweise mehr als dramatisch, kreativ, künstlerisch und äußerst fantasievoll. Hauptsache auffallend!

Introvertierte Menschen dieser Kategorie kleiden sich etwas zurückgenommener kreativ und extravagant. Bestimmte favorisierte Farben sind den Kreativen nicht zuzuordnen, sie gehen da querbeet durch die gesamte Farbpalette.

Der Kleidungsstil der Macher

Prominente Beispiele: Arnold Schwarzenegger, Jogi Löw, Sabine Christiansen, Regina Ziegler

Macher lieben Aktivität und Bewegung – das muss sich auch in ihrer Kleidung reflektieren. Größtes Ziel dabei ist ihre absolute Bewegungsfreiheit. Krawatten ziehen männliche Macher nur an, wenn es gar nicht anders geht. Das beengt und hindert schließlich beim »Machen«. Der Macher legt aber durchaus Wert auf exzellente Qualität. Ein typischer Vertreter der Spezies Macher ist Jogi Löw. Seine extrem gut geschnittenen Anzüge sind legendär, aber niemals einengend, als Macher muss man schließlich in allen Situationen dynamisch und kontrolliert wirken. Löw ist auch bekannt für seine äußerst gut sitzenden Hemden. Wenn sich aus gewissen gesellschaftlichen Gründen das Tragen einer Krawatte partout nicht vermeiden lässt, muss das gewählte Model dynamisch wirken, um die geballte Kraft zu unterstreichen, die dieser Charaktertyp an den Tag legt. Die Macher-Frauen verwenden wenig Schmuck, tragen sehr gerne den Dresscode Smart Casual und lehnen wie ihre männlichen Pendants einengende Kleidung ab. Die Schuhe sind eher flach, auf Accessoires legen sie wenig wert. Bevorzugt wählen sie die Farben Grün und Blau. Sie lieben Stoffe mit Stretchanteil, da diese Tragekomfort und mehr Bewegungsfreiheit bieten. Verlangt ihr Alltag nach dem klassischen Business-Stil, so wählen die Macher Stoffe mit leichter Textur.

Der Kleidungsstil der Entertainer

Prominente Beispiele: Robbie Williams, Thomas Gottschalk, Jürgen Klopp, Barbara Schöneberger

Die Entertainer lieben und brauchen das Auffallende, das Einzigartige und wollen stets im Mittelpunkt stehen. Die Outfits sind entweder dramatisch, extravagant oder modisch und glamourös. Oder all das auf einmal. Glanzstoffe, Farben, die leuchten, eng anliegende Outfits und tiefe Ausschnitte müssen es einfach sein. Dabei besteht manchmal die Gefahr, dass die Entertainer nicht genug auf die Qualität achtgeben und ihr Stil durch all den Flitter und die Farben etwas billig herüberkommt. Businesskleidung in ihrer Reinform ist bei den Entertainern nicht so sehr beliebt. Sollten sie diese doch mal tragen müssen, so muss alles raffinierter, die Farbe lebendiger und der Schmuck auffälliger sein als bei anderen. Auch die Männer zeigen ein ausgeprägtes Faible für Farben und wählen ausgefallene, manchmal extrovertierte Krawatten. Beim Business-Stil brauchen die Kreativen kleine außergewöhnliche Details, um sich nicht verkleidet zu fühlen. Oft sind sie für viele ihrer Mitmenschen viel zu auffallend gekleidet. Ein Paradebeispiel dafür ist Thomas Gottschalk, der mit seinen legendären, manchmal aberwitzigen Outfits seit jeher hohe Aufmerksamkeit bekam und bekommt.

Der Kleiderstil der Sozialen

Prominente Beispiele: Karl Markovics, Marianne Sägebrecht, Marie-Luise Marjan, Joschka Fischer

Modische Außergewöhnlichkeiten sind ihnen zutiefst suspekt. Je praktischer die Kleidung der Sozialen, umso besser ist es für sie. Ihr Kleidungsstil kann zwischen traditionell, unkompliziert, Old English Country Style, Trachtenlook (wenn es passt), alternativ, maskulin und praktisch variieren. Sie favorisieren gerade geschnittene Anzughosen, legere Blusen und Hemden und schlichte Sakkos und Blazer. Sie können in ihrer Kleidung auch leicht altmodisch wirken. Die Materialien sind meist von eher grober Textur. Erdtöne sind ihre präferierten Farben. Ihre Business-Kleidung ist neutral, sehr zeitlos und immer unkompliziert. Wenn sich die Sozialen in elegante Kleidung werfen, kann das schnell gekünstelt wirken, es passt so gar nicht zu ihnen. Die Sozialen optieren oft für Kombinationen und favorisieren Stoffe mit Textur. Ein sehr plakatives Beispiel ist Marie-Luise Marjan, die legendäre Mutter Beimer in der Lindenstraße. Nie ist sie auffällig in ihrer Kleidung und trägt in der Serie wie im Leben eher traditionelle und bodenständige Kleidung. Man sieht sie oft im Dirndl und in generell unkomplizierten Outfits.

Der Kleidungsstil der Eleganten

Prominente Beispiele: Jacqueline Kennedy, Gabriele Renate Inaara Prinzessin zu Leiningen (ehemals Inaara Begum Aga Khan), Sky du Mont

Die oft wie angeboren wirkende Eleganz und Perfektion dieser Menschen drückt sich schon in ihrer Kleidung aus. Ihr Kleidungsstil ist standesbewusst, immer elegant, hoch klassisch, ladylike, formell, modern, aber dezent und immer sehr luxuriös. Das Beste ist für sie gerade gut genug. Die Kleidung muss fussel- und fadenfrei sein und natürlich tadellos sitzen. Ihre Stoffe sind edel, fein gewebt, vornehm glänzend, luxuriös und prestigeträchtig. Schwarz, Weiß, Grau und Silber sind ihre Lieblingsfarben. Sie fühlen sich in eleganter Kleidung sehr wohl und sind immer perfekt gekleidet, auch in der Freizeit. Männer tragen teure Anzüge, elegante Uhren und das Schuhwerk ist stets vom Feinsten. Die Damen bevorzugen elegante Stoffe und die Verarbeitung gibt dem

Ganzen den letzten Schliff. Die Business-Kleidung muss von Kopf bis Fuß aus bester Qualität sein. Der Schmuck ist meist echt, wenn nicht, dann muss er zumindest teuer aussehen. Die Eleganten wirken durch ihre Kleidung immer kontrolliert und aufgeräumt. Den Inbegriff der Eleganz stellt hier Gabriele Renate Inaara Prinzessin zu Leiningen dar: Ob auf den Salzburger Festspielen oder bei einem Pferderennen, sie erscheint stets exquisit und dem Anlass entsprechend gekleidet.

Extro oder Intro – auch davon hängt Stil ab

Der extrovertierte Typ

Prominente Beispiele: Rolando Villazón, Anna Netrebko

Extrovertierte Menschen reden gerne, sind bestimmend, aktiv, energisch, dominant, enthusiastisch und mögen das Abenteuer. Sie lieben es, vor Menschen aufzutreten und kleiden sich gerne so, dass sie auffallen. Wird ihnen diese Auffälligkeit nicht ermöglicht, wirkt ihr Auftritt schnell langweilig oder gelangweilt. Erlaubt ihr Business keine auffällige Kleidung, behelfen sie sich stets sehr erfinderisch und kreativ mit Kleinigkeiten. Als Frau mit einem farblichen Akzent, dem außergewöhnlichen Schnitt eines Kostüms oder Hosenanzugs, mit einem großen Ring. Männer verwenden aussagekräftige Krawatten. Das Motto lautet: Ein bisschen mehr ist besser. Eine Aufgabe der extrovertierten Typen ist es daher stets auch, Balance zu halten und nicht übers Ziel hinauszuschießen. Es gilt auch zu beachten, ob Sie als Extrovertierter in einer Bank arbeiten oder direkt im Showbusiness tätig sind. Je nach dem Umfeld, in dem Sie sich bewegen, interpretiert sich ein extrovertierter Kleidungsstil noch einmal ganz anders.

Der introvertierte Typ

Prominente Beispiele: Woody Allen, Jil Sander

Die Menschen, die diesem Typus angehören, sind eher ruhig, genau, in sich gekehrt und ziehen sich gerne zurück. Im Mittelpunkt stehen sie nicht so gerne, sie beobachten lieber, anstatt zu handeln. Sie wählen einfache und klare Farben und Schnitte. Jeglichen Zierrat lehnen sie kategorisch ab. Für sie ist weniger stets mehr. Aber, so wie der Extrovertierte übertreiben kann und dadurch unter Umständen negativ auffällt, kann der Introvertierte Gefahr laufen, als ewige graue Maus schlicht und ergreifend übersehen zu werden. Dies ist eine Gratwanderung, die einiges an Fingerspitzengefühl bedarf. Es ist einer wirkungsvollen Human Brand nicht zuträglich, wenig sichtbar zu sein und dadurch kaum Aufmerksamkeit zu bekommen.

Dabei ist auch zu beachten: Wir alle verhalten uns mal introvertiert und mal extrovertiert. Das kommt auf unseren Gemütszustand, unsere Tagesverfassung und viele andere Einflüsse an. Die meisten Menschen neigen allerdings dazu, eher ausgeglichen zu sein. Entscheidend ist, wie stark die Tendenz zu einer der beiden Seiten ausfällt. Je weniger Anteile Sie vom Extrovertierten haben, umso zurückhaltender sollte Ihre Marke in der Kleidung, in Accessoires oder Farben transportiert werden. Introvertierte wollen und sollen nicht auffallen, sondern nur kleine Akzente setzen. Extrovertierte wie Sascha Lobo, der Werber und Blogger im Anzug mit dem roten Irokesenhaarschnitt, können je nach Branche diese ihre Marke stärker unterstreichen oder bewusst ein großes, knalliges Statement abgeben. Wer ausbalanciert in der Mitte ist, wie Sabine Christiansen, wird automatisch darauf achten, alles schön ausgeglichen und in der Waage zu halten – das heißt nie zu viel und nie zu wenig.

Diese Skala hilft Ihnen, zu erkennen, wo Sie auf der Bandbreite von Introvertiertheit und Extrovertiertheit stehen.

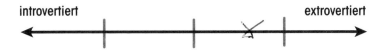

Machen Sie dort Ihr Kreuz, wo sich auf dieser Skala Ihrer Meinung nach Ihre Persönlichkeit befindet. Fühlen Sie sich mehr extrovertiert, mehr introvertiert oder genau in der Mitte?

Es ist sehr wichtig, sich diese Skala Introvertiertheit und Extrovertiertheit genau anzusehen, weil genau dieser Wesenszug die Intensität der Interpretation der von Ihnen im Test ermittelten Charaktertypen festlegt. Ein extrovertierter Macher wird anders auftreten als ein Macher, der sich auf dieser Skala für ein Kreuz relativ weit links entscheidet. Ein extrovertierter Sozialer wird total anders rüberkommen als einer, der sich ganz in der linken Ecke dieser Skala ansiedelt. Genau wie ein introvertierter Eleganter sich anders stylen wird als die extrovertierte Version desselben.

Gewisse Kombinationen von Charaktertypen und Intro- bzw. Extrovertiertheit gibt es allerdings nicht. Der Charaktertyp Entertainer wird niemals in der introvertierten Erscheinungsform existieren. Wer einen der anderen Charaktertypen repräsentiert und von der Wesensart doch eher introvertiert ist, wird diesen seinen Charaktertyp immer zurückhaltender kleiden und keine großen Statements abgeben. Wenn in diesen Fällen ein Markenzeichen infrage kommt, ist es eher unauffällig gehalten. Bei sehr extrovertierten Menschen wie Nina Hagen oder Lady Gaga kann das allerdings ein knalliges Feuerwerk an Statements ergeben, was durchaus stimmig ist, wenn es zur Branche und zum Produkt passt.

Charaktertypen-Test – Umsetzung in die Praxis

Seinen Charaktertyp zu kennen, ist eine Sache. Aber was bringt Ihnen dieses Wissen in der Praxis? Nun gehen Sie auf Ihrer Stilreise die nächsten Schritte und setzen die neuen Erkenntnisse in die Realität um. Stellen Sie sich dazu die folgenden Fragen: Was ist Ihr Grundtyp, d.h. welche Wesenszüge entsprechen Ihnen am meisten? Das ist der Block, bei dem Sie im Test die meisten Häkchen gesetzt haben. Was ist Ihr erster Ergänzungstyp, d.h. welche Merkmale beschreiben Sie auf den zweiten Blick? Was ist Ihr zweiter Ergänzungstyp, mit der dritthöchsten Anzahl an Häkchen? Aus der Kombination dieser drei Typen können Sie nun Ihren persönlichen Stil ermitteln.

Dabei ist es wichtig zu beachten: Je ausgeprägter der Grundtyp vorhanden ist, umso mehr müssen sich dessen Eigenschaften in Ihrer Kleidung wiederfinden. Der Ergänzungstyp wirkt auf den Grundtyp, d.h. es wird ihm Raum gegeben, ohne den Grundtyp optisch zu untergraben. Soziale tragen z.B. schlichte, einfache Kleidung. Hat so jemand einen Entertainer in seiner Brust, so bringt er dies reduziert beispielsweise durch Accessoires zum Ausdruck. Wenn Sie Anteile aller Charaktertypen besitzen, können Sie entscheiden, welchen Sie heute kleiden und besonders zeigen möchten. Welchen Typ Sie an einem bestimmten Tag wählen, hängt vom jeweiligen Anlass und Umfeld ab, in dem Sie sich situativ bewegen. Im Business wird es vielleicht der

+ Elegant

✓

Macher sein, im Umgang mit Freunden der Entertainer oder in Zeiten des Rückzugs der Tiefsinnige usw. Nur langweilig darf Ihre Kleidung nie aussehen. Solange Ihnen bewusst ist, wie weit Sie in einer Stilrichtung gehen können und wann Sie anfangen, verkleidet auszusehen, haben Sie viele Spielmöglichkeiten. Und wie schon erläutert, je nachdem, ob Sie mehr Intro oder Extro sind, kommt dann eben mehr oder weniger an Intensität hinzu.

Die folgende Tabelle zeigt eine Übersicht der Stilrichtungen, bevorzugten Farben, Stoffe, Muster und Stoffoberflächen für die verschiedenen Charaktertypen. Extrovertierte und Introvertierte sind hier nicht als eigener Charaktertyp angeführt, weil sie eher eine Querschnittsfunktion haben. Jeder Charaktertyp kann extrovertierter oder introvertierter sein. Ausgenommen der Entertainer, der rein extrovertierte Züge aufweist. Entsprechend auffälliger oder dezenter wird er sich in der Kleidung ausdrücken.

Charaktertyp	Tiefsinnig	Macher	Entertainer	Soziale	Elegante	Kreativ
Stilelemente	Extravagant	Sportlich	Dramatisch/ Glamourös	Traditionell	Elegant	Kreativ, künstlerisch fantasievoll
Bevorzugte Farben	Schwarz Violett Dunkel	Grün Blau	Rot Pink	Senfgelb Ocker Erdtöne Natürliche Farben	Dunkel elegant Dunkelblau Schwarz, Weiß Pastell	Schwarz oder bunt und lebendig
Bevorzugte Muster	Paisley Abstrakt Wellig	Streifen	Tierdruck Rautenform Zick-Zack	Kariert Kastenförmig	Punkte Ovale Bogenformen	Alles, was kreativ ist
Oberflächen-Strukturen	Fließend Weich	Gerippt Elastisch	Glatt Glänzend	Grob-körnig Aufgeraut Tweedig	Luxuriös Schimmernd Fein gesponnen	Mischt sehr viele Stofftexturen
Stoffe	Crepe Feine Wolle Samt Seide	Cord Baumwolle Seersucker Leinen	Leder, Fell Satin Seide Taft	Flanell Garbadine Musselin Gewebt Rohe Seide Tweed	Dupion Seide Jaquard Lamé Satin Twill Brokat	Was gefällt

Stoffe im strengen Business	Feine, glatte Wollstoffe	Feine, glatte Wollstoffe	Feine, glatte Wollstoffe	Feste, glatte Wollstoffe	Feinste, edle Wollstoffe	Feine Wolle
Stoffe im legeren Business	Feine Wolle Seide Crepe	Stoffe mit leichter Textur Baumwolle	Wollstoffe Leder	Feste Stoffe mit leichter bis grober Textur Tweed	Feine Wollstoffe Kaschmir	Was gefällt, nur nicht zu grob
Stilrichtung im Business	Klassisch – mit Schuss Extravaganz	Klassisch mit Schuss Textur in der Krawatte oder Accessoires	Klassisch – mit Schuss Raffinesse	Klassisch Krawatte oder Schmuck nicht zu elegant	Klassisch/Elegant	Klassisch – mit einem Schuss Kreativität
Stilrichtung im legeren Business	Mit extravaganten und/oder exotischen Elementen	Klassisch-Sportlich Smart Casual	Mit auffälligeren Details	Klassisch-Traditionell Traditionell	Klassisch/Sportlich Smart Casual	Mit kreativen Elementen, nicht zu elegant

14. IHR BUSINESS-STIL: VERBINDUNG VON DRESSCODE, IMAGE UND PERSÖNLICHKEIT

Die nach außen getragene Marken-Persönlichkeit eines Menschen setzt sich aus den folgenden drei Elementen zusammen:

- dem persönlichen Stil;
- dem Charakter einer Person;
- der Profession einer Person bzw. was diese Person innerhalb dieser Funktion repräsentieren will und muss.

Sie wissen jetzt genau, wo Sie stehen, haben sich Gedanken gemacht über Ihr Unternehmen, Ihre Branche. Sie haben verstanden, wie Sie Ihr Image aufbauen und kennen Ihr Selbst- und Ihr Fremdbild. Sie haben mithilfe des Tests Ihre vorrangigen Charakteranteile festgelegt und wissen, ob Sie introvertiert oder extrovertiert sind. Somit haben Sie nun fast alle einzelnen Elemente zur Hand, die Sie kennen müssen, um Ihren ganz persönlichen Stil und Ihre Human Brand zu etablieren.

Um ganz sicher zu sein, dass Sie sich auf dem richtigen Markenweg befinden, gehen Sie die folgenden Fragen noch einmal genau durch. Sie erinnern sich an den Markentrichter im ersten Teil des Buches? Sie verwenden ihn nun als finalen Check, um Ihre persönliche Marke durch Kleidung als Statement zu etablieren. Fragen Sie sich noch einmal im Detail: Was muss ich oben in den Trichter hineinwerfen, damit nach dem Entwicklungsprozess unten genau die Marken-Persönlichkeit mit Stil herauskommt, die ich bin und dementsprechend nach außen darstellen will?

- Wo stehen Sie jetzt?
- Wo möchten Sie hin? (Soll-Selbstbild)
- Wie sehen Sie sich selbst? (Ist-Selbstbild)
- Wie werden Sie heute wahrgenommen (Ist-Fremdbild)
- Wie möchten Sie wahrgenommen werden? (Soll-Fremdbild)
- Wer sind Sie und über welche Charaktereigenschaften verfügen Sie?
- Sind Sie intro- oder extrovertiert?
- Wie transportieren Sie Ihre Persönlichkeit durch Ihre Kleidung?
- Wie sieht Ihr berufliches Umfeld aus?
- Mit welchen Personenkreisen haben Sie in diesem Umfeld zu tun?
- Welche Position nehmen Sie in diesem Umfeld ein?
- Wie sehr wünschen Sie sich den Aufbau Ihrer stimmigen Marken-Persönlichkeit?
- Was genau sind Sie bereit, dafür zu tun?

Um dieses Bild zu vervollständigen, sehen wir uns nun noch an, welche Stilrichtung zu welchem Charaktertyp passt und wie Sie den herrschenden Business-Dresscode, der ja den meisten durch die berufliche Umgebung vorgegeben ist, mit Ihrem Image und Ihrem Charakter zu einem stimmigen Ganzen verbinden. Das Ergebnis sollte sowohl Sie zufriedenstellen als auch von Ihrem Umfeld als passend erachtet werden. Denn nur durch die Kombination von vorgegebenem Dresscode und Ihrem Charaktertyp werden Sie sich als authentisch und kompetent positionieren können.

Zur Veranschaulichung hier das Beispiel von Verena, einer hochrangigen und erfolgreichen Managerin. Der Dresscode ihres Unternehmens lautete strenges Business. Verena nahm ihre Karriere sehr ernst, befolgte den Dresscode akribisch und hüllte sich in strikte schwarze Nadelstreifanzüge mit strengen weißen Blusen. Was ihr damals nicht bewusst war, sie war eine typische Vertreterin des Charaktertypus Entertainerin. Sie musste sich einfach durch gewisse Dinge von anderen abheben, sonst war sie nicht sie selbst. So hatten sich ihre Haare nie dem Business-Diktat unterworfen, Verena trug sie in einer gepflegten, aber doch sehr üppigen Mähne als einziges Zeichen ihres Entertainer-Status. Dennoch fühlte sie sich damit nicht zufrieden. Ein Stil-Coaching brachte schließlich die Lösung: Verena tauschte das strenge Schwarz gegen ein softeres Dunkelblau und wählte bei ihren Business-anzügen von nun an Krägen, die einen Tick anders waren als die klassischen, z.B. extravagante Stehkrägen. Dazu kombinierte sie statt strenger Blusen ein in sich gemustertes Shirt in einem gedeckten Rotton und schaffte sich Gürtel mit einem Hauch von Extravaganz an. So gelang es ihr erfolgreich, den Dresscode ihres Unternehmens einzuhalten und sich trotzdem ganz als sie selbst zu fühlen ...

Die Charaktertypen und ihr Business-Look

Der Tiefsinnige

Diese Menschen benötigen auch bei einem Business-Look immer ein Quäntchen »Anderssein«. Tiefsinnige Herren können z.B. das Sakko ihres Business-Anzuges mit Knöpfen in einer anderen, dunklen Farbe, wie z.B. Dunkelrot garnieren oder ihren tiefsinnigen Charakter durch einen Gürtel mit unterschwellig extravaganter Note ausdrücken. Damen können für sich außergewöhnliche Kragenlösungen beim

Business-Blazer wählen, ein Shirt mit einer interessanten Textur oder eine schlichte, aber doch besondere Kette anlegen. Sie können auch durch die Wahl Ihres extravaganten Schuhwerks zum sonst strikten Business-Stil ihre Charaktertiefe hervorheben.

Der Kreative

Die Kreativen finden den Business-Look ausnahmslos zu streng. Sie brauchen Alternativen, die den Look nicht verwässern, ihnen aber gleichzeitig auch Spaß machen. Die Garnfarbe, mit der die Knopflöcher umrandet sind, kann sich zum Beispiel subtil in den Socken widerspiegeln oder im Futter des Anzugs. Das sind Details, wie Kreative sie lieben und brauchen! Herren suchen sich dazu besonders innovative Krawatten aus oder optieren für eine besonders ausgefallene Gürtelschnalle. Speziell aussehende Schuhe, die nicht jeder hat, die aber aus edlem Leder sind und hervorragend zum Anzug passen, machen die kreativen Herren glücklich. Bei den Damen können das Kostüm oder der Hosenanzug einen Schalkragen oder einen kleinen interessanten Stehkragen aufweisen. Oft wird die kreative Dame gar keinen klassischen Hosenanzug wählen, sondern eventuell sogar eine Kombination, die jedoch noch immer dem Dresscode Business entspricht. Dazu tragen sie kreative Ohrringe oder einen individuell angefertigten Ring. All dies sollte immer nur auf den zweiten Blick auffallen und nie direkt dominant ins Auge stechen. Je lockerer der Dresscode ist, umso mehr Details können dazukommen, umso individueller kann der gesamte Look werden.

Der Macher

Wie wir bei den Charaktertypen schon festgestellt haben, trägt der Macher alles sehr schlicht und vermeidet Schnörkel. Macher-Frauen in Reinkultur tragen kaum Schmuck. Auch im Business ist für diese Menschen die Bewegungsfreiheit am wichtigsten, deswegen verzichten die Herren oft auf eine Krawatte. Das sollten sie auch so durchziehen, außer es besteht strenge Krawattenpflicht. Tragekomfort und nicht zu strenge Stoffe – wenn möglich mit Stretchanteil – sind ausschlaggebend für die Macher im Business-Look. Macher lieben die Bequemlichkeit auch bei Schuhen, was nicht bedeutet, dass sie in Sneakers unterwegs sind, aber die Damen tragen Schuhe, die nicht zu hohe Absätze haben und für die Herren ist ein nicht zu geschniegeltes Schuhmodell, das mit einer Naht versehen ist, eine sehr gute Wahl. Trotzdem, manchmal geht es im Geschäftsleben wirklich um das High Business, dann sind Schuhe mit einer solchen Naht ein No-Go und müssen eleganter ausfallen! Auch hier gilt: Je lockerer der Dresscode ist, umso mehr Details können dazukommen, umso individueller kann es werden.

Der Entertainer

Der Entertainer will auffallen, auch wenn er Business trägt. Männer sorgen für dieses Auffallen durch eine interessante Krawatte, die durchaus etwas mehr an Farbe zeigen darf. Meistens steht Rot den Entertainer-Typen ganz ausgezeichnet, es unterstreicht ihre Persönlichkeit. Eine Alternative zur Krawatte ist ein Einstecktuch, das dann gleichzeitig zum persönlichen Markenzeichen wird. Die Damen wählen im Business natürlich den Hosenanzug oder das Kostüm, müssen beides aber unbedingt aufpeppen, sonst wirken sie starr und verkleidet. Schwarz-Weiß-Kombis sind dabei zu vermeiden, auch hier hilft die Farbe Rot, um das innere Feuer der Entertainer subtil zu unterstreichen. Es darf bei diesen Typen immer ein wenig mehr sein, aber seien Sie vorsichtig, nicht zu viel ins »Feurige« zu gehen, dieser Look kippt leicht und ist Ihrem Business-Standing damit nicht dienlich. Auch hier gilt: Je lockerer der Dresscode ist, umso mehr Details können dazukommen, umso individueller kann das Styling werden.

Der Soziale

Beim Business-Look haben es die Sozialen nicht leicht: In einem klassischen Anzug wirken sie schnell overdressed. Ihr Outfit besteht darum am besten aus unkonventionellen Anzügen, Hosenanzügen oder Kostümen in Stofftexturen mit leichter Struktur. Stoffe, die zu glatt sind, lassen sie schnell verkleidet wirken. Der Schnitt der Kleidung ist schlicht und unprätentiös. Der Schmuck, den die Sozialen im Business tragen, sollte nicht zu edel und zeitlos über lange Jahre verwendbar sein. Krawatten weisen am besten eine Stofftextur auf, glatte Seide oder glänzende Materialien passen nicht zu ihnen. Ist der Dresscode in ihrem Umfeld sehr locker, eignen sich auch Anzüge oder Hosenanzüge aus Cord. Im Falle eines strengeren Dresscodes wählen die Sozialen die Krawatte, den Schmuck oder das Shirt mit groberer Stofftextur, den Anzug mit einer sehr leichten Stofftextur.

Der Elegante

Der Elegante hat es mit seinem Business-Look relativ leicht. Er kann den Dresscode Business in wirklich allen Facetten tragen. Zeitlos und elegant lautet dabei das Motto! Hauptsache ist, sich hierbei auf sehr hochwertige und teure Materialien zu konzentrieren. Wichtig ist die Auswahl entsprechender Accessoires, wie edlen Schuhen und edlen Gürteln. Die Krawatten oder Blusen der Damen zeigen sich stets von erlesener, zurückhaltender Eleganz, ebenso die Schuhe. Im lockeren Business kann es für die Herren wie für die Damen das dunkelblaue Sakko oder der dunkelblaue Blazer in Kombination mit einer grauen Stoffhose sein.

Welche Stilrichtung für welchen Charaktertyp?

Sehen Sie sich nun noch einmal Ihr Ergebnis des Charaktertypen-Tests an. Sie kennen jetzt Ihren Haupttyp, aber auch die Ergänzungstypen, also das, was Sie als zweit- und dritthöchstes Ergebnis ermittelt haben. Die nachfolgende Übersicht zeigt Ihnen, wie Sie mittels Ihrer Ergänzungstypen Ihren Stil variieren können und trotzdem Sie selbst bleiben:

Grundtyp: **Stil:**
Der Tiefsinnige extravagant und außergewöhnlich

Ergänzungstyp	Ergänzung des Stils
Kreativer	Darf ein wenig kreativer werden
Macher	Weniger extravagant mit mehr Dynamik und Bewegungsfreiheit
Entertainer	Noch extravaganter
Sozialer	Wenig Extravaganz
Eleganter	Extravaganz verbindet sich mit Eleganz und Perfektion. Nur extravagant gekleidet zu sein, ist zu viel. Benötigt die elegante Note unbedingt.

Grundtyp: Der Kreative	Stil: Kreativ und künstlerisch

Ergänzungstyp	Ergänzung des Stils
Tiefsinniger	Nicht zu auffallend, weniger kreative Details
Macher	Weniger kreative Details mit mehr Dynamik und Bewegungsfreiheit
Entertainer	Darf noch mehr auffallen
Sozialer	Zurücknehmen der Kreativität, weniger ist mehr
Eleganter	Kreativität und Extravaganz verbinden sich mit Eleganz und Perfektion. Nur kreativ gekleidet zu sein, ist zu viel. Benötigt die elegante Note unbedingt.

Grundtyp: Der Macher	Stil: sportlich und vital

Ergänzungstyp	Ergänzung des Stils
Tiefsinniger	Mit kleinen extravaganten Details
Kreativer	Mit kleinen kreativen Details
Entertainer	Mit kleinen extravaganten Details
Sozialer	Bleibt sportlich und ist unauffällig Karos werden im lockeren Business bevorzugt
Eleganter	Sportlich elegant, immer mit einem Teil Eleganz. Mehr sportlich als elegant. Kleidung muss gut sitzen.

Grundtyp: Der Entertainer	Stil: dramatisch, aufregend und glamourös

Ergänzungstyp	Ergänzung des Stils
Tiefsinniger	Nicht auffallen um jeden Preis, aber unverwechselbar und extravagant
Kreativer	Interessant in Farben und Details
Macher	Weniger auffallend, aber trotzdem sichtbar als kleiner Entertainer
Sozialer	Weniger dramatisch, mit interessanten Details
Eleganter	Eleganz verbunden mit dramatischen Details. Nicht zu wild

Grundtyp: Der Soziale	Stil: traditionell und unkompliziert
Ergänzungstyp	Ergänzung des Stils
Tiefsinniger	Mit einem kleinen Schuss Extravaganz
Kreativer	Mit kleinen kreativen Details
Macher	Sportlicher und dynamischer
Entertainer	Ein Schuss Lebendigkeit und Feuer macht die Kleidung interessanter
Eleganter	Natürlichkeit mit einem Schuss Eleganz

Grundtyp: Der Elegante	Stil: elegant und teuer gekleidet
Ergänzungstyp	Ergänzung des Stils
Tiefsinniger	Mit einem Schuss Extravaganz – sehr edel
Kreativer	Mit einem Schuss Kreativität – sehr edel
Macher	Elegant sportlich, mehr elegant als sportlich, Kleidung muss gut sitzen.
Entertainer	Ein Schuss Lebendigkeit und Feuer macht die Kleidung interessanter
Sozialer	Natürlichkeit mit einem Schuss Eleganz

Wenn Sie alle diese Elemente berücksichtigen und miteinander kombinieren, haben Sie nun Ihren persönlichen Stil kreiert und wissen, wie Sie diesen einsetzen, variieren und stets zum wachsenden Erfolg ihrer Marken-Persönlichkeit einsetzen.

15. MARKENZEICHEN JA ODER NEIN?

Marke ohne Markenzeichen – geht das?

Was ist die Marke ohne ihr Markenzeichen? Was ist der Mercedes ohne seinen Stern? Der Mac ohne seinen Apfel? Conchita Wurst ohne Bart und lange Haare? Udo Lindenberg ohne Sonnenbrille und Hut? Marke und Markenzeichen sind klar, eindeutig und wiedererkennbar miteinander verknüpft. Und so grundlegend etabliert, dass jedes Kind die geistige Verbindung herstellen und nachvollziehen kann. Ein Markenzeichen verankert eine Person im Kopf ihrer Mitmenschen. Ein Markenzeichen schafft einen eindeutigen Wiedererkennungswert. Ein Markenzeichen wird mit einer Person als Marke assoziiert.

Kann jemand eine Marke sein, ohne ein klares, zugeordnetes Markenzeichen? Unter gewissen Umständen ist das möglich, wenn sich jemand z.B. mit einem besonderen Talent oder einer besonderen Leistung hervortut, die vielleicht nicht auf den ersten Blick klar erkennbar ist. Aber wir beschäftigen uns in diesem Teil des Buches ja mit den Markenzeichen als Symbol, Gegenstand oder eben als Stilelement.

Eine Marke zu sein bedeutet auf jeden Fall, anders auszusehen als jeder andere. Eine Marke kann und will gar nicht aussehen wie jeder. Jede wirklich erfolgreich etablierte Human Brand hat für sich ein Stildetail gefunden, das sie von anderen sofort, eindeutig, einzigartig und für immer unterscheidet, und wenn es nur ein bestimmt persönlicher Kleiderstil ist, der perfektioniert wurde, sodass man schon wieder von Markenzeichen sprechen kann. Ein Paradebeispiel für ein solches Stilelement ist das Strickhäubchen von DJ Ötzi. Dieses Häubchen ist genial, er kann damit – wo auch immer – dem gerade angesagten Dresscode Rechnung tragen. Er erscheint je nach Anlass einmal in Tracht, einmal in Business-Kleidung und trägt das Häubchen selbstverständlich auch zum Frack am Opernball. Er ist dadurch sofort erkennbar, bleibt immer er selbst und bewegt sich doch stets innerhalb der Grenzen des gewünschten Dresscodes des Events. Besser geht es nicht. Sein Häubchen ist damit nicht nur gelungenes Stilelement, sondern sein stabil etabliertes Markenzeichen geworden. Diese Kopfbedeckung ist nun ja vergeben, Sie müssen sich für Ihre eigene Human Brand also ein anderes Markenzeichen überlegen.

Wie wäre es mit einem Bart? Obwohl, der ist ja auch schon besetzt. Durch Thomas Neuwirth. Wie, Sie wissen nicht, wer das ist? Das haben Sie mit vielen Menschen gemeinsam. Oder zumindest war das früher so. Bevor aus einem jungen Mann namens Thomas Neuwirth die Kultfigur Conchita Wurst wurde. Ein Mann, der als Frau auftritt und als solche sensationell aussieht, ist ja nun nicht ganz so neu. Aber wenn dieser Mann als Frau durch einen genial gestylten Bart wieder auf sein Mann-Sein hinweist, ist eine einzigartige Marke geboren. Der Bart ist das eigentliche Markenzeichen von Conchita Wurst. Eine der gelungensten Marken-Inszenierungen schlechthin.

Was sind denn nun die Kriterien für ein gelungenes Markenzeichen? Es muss authentisch sein in Form, Stil und Farbe und nicht nur eine »angezogene« oder »umgehängte« Fassade darstellen. Nichts ist schlimmer als eine Person, die auf diese Weise unrund und verkleidet auftritt. Weitere Beispiele für gelungene Markenzeichen sind z.B. der omnipräsente Schal von Rolf Sachs oder Roger Cicero, der immer mit Hut auftritt, die schwarze Brille von Karl Lagerfeld und natürlich die legendäre Kappe von Niki Lauda. Auch Marlene Dietrich hat in den 30er-Jahren des vorigen Jahrhunderts mit Männerkleidung ein für die damalige Zeit sehr markantes Markenzeichen gesetzt.

Dos and Don'ts bei Markenzeichen

Das erste wichtige Kriterium bei dieser Entscheidung: Der Wohlfühlfaktor mit dem gewählten Markenzeichen. Das zweite wichtige Kriterium: Es muss zu Ihrem Image und zur Marketingstrategie Ihres Unternehmens passen. Wenn Sie zum Beispiel bei einem Nobeljuwelier arbeiten und sehr edlen, teuren Schmuck verkaufen, sich jedoch im Used-Look kleiden, so transportiert dieser definitiv nicht die passende Botschaft betreffend das Gesamtimage Ihrer Branche. »Used« entspricht nicht den Kriterien von hochwertiger Qualität und Luxus, für die diese Art von Juwelier steht, sondern repräsentiert eher den Gedanken von »billig und abgetragen«. Hier käme es also zu einem Widerspruch, was langfristig nicht zielführend wäre.

Außerdem gilt: Wählen Sie nie einen Trend als Markenzeichen, ausgenommen Sie arbeiten in einem der hippsten Läden der Stadt und tragen immer die neuesten Trends. Der Trend ist für den Moment angesagt, aber wird früher oder später aus der Mode kommen. Und dann? Stur dabei bleiben, auf die Gefahr hin, total retro zu erscheinen? Oder sich den nächsten Trend zu suchen, um ein temporärer Marken-Trendsetter zu sein? Das wird Ihnen im Hinblick auf Ihre Wiedererkennbarkeit nicht viel bringen. Versuchen Sie auf jeden Fall, mit Ihrem Markenzeichen verschiedene Optionen zu finden, damit Sie nicht aussehen, als würden Sie jeden Tag das Gleiche tragen. Das ist nicht einfach und stellt immer wieder eine Herausforderung dar ... Wenn Sie z.B. in der Modebranche arbeiten und Ihr Markenzeichen ist der Minirock in verschiedensten Farben, dann haben Sie dadurch zwar die Möglichkeit des oftmaligen Wechsels, aber irgendwann werden Sie die Altersgruppe für Miniröcke verlassen. Und dann? Bedenken Sie auch die verschiedenen Jahreszeiten. Sie müssen Ihr Markenzeichen das ganze Jahr über und in allen möglichen Klimazonen – man weiß ja nie – bequem tragen können. Ein Rollkragenpullover ist also auch nicht die beste Option ...

Drum prüfe, wer sich ewig bindet

Vorsicht, damit es Ihnen mit Ihrem Markenzeichen nicht ähnlich geht wie Goethes Zauberlehrling: »Die Marke, die ich rief, ich werd sie nicht mehr los.« Überlegen Sie lange und intensiv, bevor Sie ein Stilelement zu Ihrer ganz persönlichen Marke erheben. Sie können Ihr äußeres Markenzeichen nicht alle paar Monate wechseln, sie ist ein integraler Bestandteil Ihrer Positionierung und Inszenierung. Einmal gewählt, müssen Sie über viele Jahre mit ihr ausharren. Da muss es schon die echte, tiefe und hoffentlich ewige Liebe zwischen Ihnen beiden sein! Trotzdem gilt: Vorlieben ändern sich, Einstellungen ändern sich und kaum jemand will Jahr für Jahr die gleiche Farbe tragen. Oder immer dieselbe Brille, denselben Hut ... Insofern ist die Wahl des Markenzeichens wirklich ein schwieriger Prozess. Wenn Sie nicht vollkommen sicher sind und Ihr Instinkt Sie nicht ganz eindeutig zu einem bestimmten Gegenstand hindrängt, dürfen Sie das Thema Markenzeichen auch getrost ad acta legen. Dann überzeugen Sie als Marke eben mit Ihrem persönlichen Stil.

Das persönliche Markenzeichen

Ihr Markenzeichen muss 100%ig zu Ihnen passen. Dr. Eckhart von Hirschhausen, Arzt und Kabarettist, hat ein perfektes Markenzeichen, wenn er als Humorbotschafter auftritt, nämlich seine Arzttasche. Diese passt zu 100% zu ihm. Denn Kompromisse kann es hier nicht geben. Wenn Sie nicht sicher sind, was für Sie wirklich passt oder andere Ihnen ein Markenzeichen einreden wollen, zu dem Ihr Bauchgefühl aber deutlich nein sagt, hören Sie auf dieses! Die folgenden Anregungen sollen Ihnen helfen, sich für oder gegen ein Markenzeichen zu entscheiden.

Eine bestimmte Farbe

Wählen Sie eine Farbe, die Sie lieben und die Ihnen gut steht. Wenn Sie Rot mögen, ein extrovertierter Mensch sind und es Ihnen nichts ausmacht, dass Sie die Farbe jeden Tag tragen, können Sie diese punktuell wie eine Krawatte, ein Einstecktuch, eine Kette oder einen Blazer wählen. Denken Sie genau darüber nach, ob Sie eine Farbe wirklich von Kopf bis Fuß langfristig tragen wollen. Das kann in der Umsetzung unter Umständen schwierig sein, überlegen Sie deswegen gut, ob Sie diesen »Einheitsbrei« an Farbe nicht bald satt bekommen. Der berühmte Philosoph und Bestsellerautor Paulo Coelho zum Beispiel trägt sehr erfolgreich immer die Farbe Schwarz, es steht ihm hervorragend, er scheint sich damit sehr wohlzufühlen und es passt darüber hinaus auch noch perfekt zu seiner Markenidentität.

Ein bestimmtes Accessoire

Für Damen wie Herren bietet sich ein Schal an. Schals sind vielfältig und Sie sind damit nicht an bestimmte Farben gebunden. Im Sommer tragen Sie leichte Qualitäten, im Winter ist der Kaschmir- oder Wollschal Ihr unverwechselbares Markenzeichen. Für Herren kommen auch gemusterte und wiedererkennbare Krawatten infrage. Für Frauen eignen sich neben Schals auch Ketten, Gürtel, Schuhe, Muster – »die Frau mit den gemusterten Röcken« – oder eine besondere Hochsteckfrisur. Wer es versteckter haben möchte, könnte als Mann stets eine variable Sockenfarbe mit farblich immer passendem Einstecktuch tragen. Eine extravagante, leicht wiedererkennbare Brille ist auch eine schöne Möglichkeit.

Der Stargeiger David Garrett hat als besonderes Markenzeichen den Totenkopfanhänger gewählt sowie große Silberringe und seinen Haardutt. Der ehemalige deutsche Bundeskanzler Dr. Gerhard Schröder wurde als der Brioni-Kanzler mit Cohiba-Zigarre »abgekanzelt«. Das tat seinem sozialpolitischen Image keinen Gefallen und wurde ihm immer wieder vorgehalten.

Besondere Schuhe

Eine bestimmte Schuhform oder -farbe kann zu Ihrem persönlichen Markenzeichen werden. Besonders in den kreativen Branchen sind grellfarbige Sneakers oder edle Turnschuhe zum Anzug ohne Krawatte ein steiles persönliches Markenzeichen. Die Damen haben es da etwas schwerer, von Ballerinas ist als Stilelement abzuraten, da diese zu einem Rock immer eigenartig aussehen und auch der Gang durch sie nicht wirklich graziöser wird. Da bieten sich High Heels (geht nicht bei strengem Business-Dresscode) in immer derselben Farbe an. Oder extravagante Schuhe in unterschiedlichen Farben. Thomas Gottschalk ist berühmt für seine ausgefallenen Schuhe und der ehemalige Papst Benedikt XVI. für seine roten Slipper.

Ein besonderer Haarschnitt oder Bart

Erinnern wir uns an den legendären Bob von Mireille Mathieu, den sie jahrelang trug und noch immer trägt und der total zu ihrem Markenzeichen wurde. Eine Vintagefrisur, wie Dita Von Teese sie trägt, setzt definitiv ein positives Markenzeichen. Oder, etwas weniger positiv besetzt, die Frisur von Donald Trump – verbleibende Haare quer über die Glatze frisiert … Was auch immer, es bleibt in Erinnerung als zur Marke gehörig. Karl Lagerfelds weißer Zopf, gepudert mit Trockenshampoo, gehört zu dem Designer wie der Boucléstoff zu Chanel. Sascha Lobo, der Autor, Blogger und Digital-Avantgardist hat als sein Markenzeichen den rotgefärbten Irokesenschnitt gewählt, stets kombiniert mit Anzügen ohne Krawatte. Für ihn ein Ausdruck gelebter Nonkonformität.

16. DIE STILVOLL GELEBTE HUMAN BRAND – EINE UNENDLICHE GESCHICHTE

Es gibt Leute, die geben ihr Sakko von Brioni in die Kleiderkammer für Bedürftige, weil das Passendste an dem Teil das Etikett ist. Es passt einfach nicht, weder von der Größe her noch zu ihrem Stil. So geht es auch mit dem Hemd von Zegna, das am Hals zu weit ist und untenrum sowieso – und vor allem spießig. Und man macht seine traurigen Erfahrungen mit dem einen Kleid von Diane von Fürstenberg aus New York. Einmal im Leben ein Kleid von Diane von Fürstenberg aus New York! Aber dieses Paisley-Muster geht gar nicht. Und, wo wir schon dabei sind, jetzt ist auch Schluss mit den Farben der Saison: Auf meine Nägel kommt wieder der Nagellack, der so ist, wie ich es bin und nicht so, wie die Vogue mich haben will!

Die Reise zu Ihrer stilvoll gelebten Human Brand endet nie: Vom ersten Schritt an entwickeln Sie sich ständig weiter. Sie bleiben nicht stehen, sie eilen forschen Schrittes voran und entdecken und erfinden sich möglicherweise mehrmals neu. Natürlich werden Sie die Essenz Ihrer persönlichen Marke, die Sie nun verstanden und aufgebaut haben, nie mehr leugnen oder dieser untreu werden. Aber im Laufe eines (Berufs-) Lebens verändern sich die Aufgaben und Positionen, die wir erhalten, nun einmal schneller und schneller. Sie werden mit diesen Aufgaben stetig wachsen und so muss sich auch Ihr persönlicher Stil weiterentwickeln. Den beiden elementaren Fragen, die Sie sich zu Beginn Ihrer persönlichen Stil-Reise gestellt haben sollten: «Wer bin ich und was will ich – jetzt und in Zukunft – darstellen?" können Sie also definitiv niemals den Rücken kehren. Sie müssen sich diese Fragen an jeder Gabelung Ihres Lebensweges, der Sie in eine neue, spannende Richtung bringt, wieder stellen und Ihren Stil den neuen Gegebenheiten bewusst anpassen.

Wer nicht mit der Zeit geht, geht mit der Zeit: Denken Sie deswegen daran, Ihre Markengrundlagen laufend dahingehend zu überprüfen, ob sie noch zu Ihnen, zu Ihrem Leben und in die Zeit passen. Und justieren Sie immer wieder Ihren Persönlichen Entwicklungsplan. Nur wenn alte Ziele erreicht und neue gesteckt werden, bleibt die Kraft der Marke erhalten. Das muss dann zwangsläufig dazu führen, dass sich auch Ihr Image und Ihr Outfit wandeln. Gut so, die Gesellschaft und die Moden verändern sich ja auch.

Wenn Sie selbst eine attraktive und begehrenswerte Marke sind, können Sie sich ab sofort stilsicher und Ihrem Charaktertyp entsprechend kleiden und stylen, ohne auf Marken zu achten. Die wahrhafte Marken-Persönlichkeit kleidet, frisiert, schmückt und benimmt sich stets so, wie es ihrem Typ entspricht. Und sie weiß ihre Erscheinung in jeder Lebenssituation intuitiv einzuschätzen. Das darf sie dann auch für sich, ihr Weiterkommen und ihren Erfolg nutzen, die Markenarbeit und die Ausprägung des eigenen Stils waren schließlich hart genug.

Die Human Brand ist ein grundlegender Faktor für den Erfolg. Nutzen Sie ihn und machen Sie Ihre Marke immer noch ein bisschen spürbarer. Jetzt wissen Sie um Ihre Wirkung, da können Sie sich von Zeit zu Zeit auch etwas mehr trauen. Ihre Marke ist durchaus belastbar. Seien Sie stolz auf Komplimente und nehmen Sie begründete Kritik an. Schließlich macht sich da jemand Gedanken über Sie, und das tut er nur, weil Sie ihn interessieren.

Wenn Sie jeden Tag so selbstverständlich wie ans Duschen, Zähneputzen und Parfümieren auch daran denken, was Sie heute dafür tun werden, dass man Sie noch ein bisschen mehr so spürt und erlebt, wie Sie sind, werden auch Sie zu schätzen wissen, dass Ihre Marke das ist, was man hinter Ihrem Rücken über Sie erzählt. Das wird dann viel von dem sein, was Sie sich in dieser Hinsicht wünschen. Man wird Ihren Stil mögen und sich für Ihr Auftreten begeistern. Man wird sich gern mit Ihnen umgeben und Sie um Rat fragen. Man wird als erstes an Sie denken, wenn man Leute einlädt oder jemanden einstellt. Am Wichtigsten: Sie werden ein gutes Stück mehr so sein können, wie Sie wirklich sind. Und das mit ganz viel Kraft und Energie.

Genug gebrandet, genug gestylt – da draußen wartet Ihr Leben. Leben Sie los!

Anhang

Dank

Elisabeth Motsch bedankt sich bei Monika B. Paitl für ihre großartige unterstützende Begleitung durch dieses Buchprojekt. Monika, mit deiner glasklaren Logik und deinem zusammenhängenden Denken hast du meine Inhalte perfekt auf den (Stil-)Punkt gebracht. Dir, lieber Jon Christoph, meinen herzlichen Dank dafür, diese Buchidee mit mir gemeinsam umzusetzen und unsere Themen so zu einem großen, passenden Ganzen zu verbinden.

Jon Christoph Berndt® dankt Anna Weileder für ihre wertvolle Unterstützung beim Zuspitzen von Human Branding auf die Erfolgsdisziplin Image und Outfit und die ganz besonderen Markenerlebbarmachungstechniken von Elisabeth Motsch. Anna, mit deiner guten Art und deinem leidenschaftlichen, unverwechselbaren Anna'schen Tun bist du eine so wertvolle wie schätzenswerte Marke. Und dir, liebe Elisabeth, herzlichen Dank für deine Buchidee: Hier wächst in der Tat zusammen, was schon immer zusammengehört hat.

Schließlich danken wir beide den Herrschaften bei Goldegg, die mit ihren Büros in Wien und Berlin nicht nur so glaubwürdig inhaltsgeladen die internationale Achse für wertvolle Literatur geschaffen haben, sondern auch vorangehen, wenn es darum geht, aus Mut und innovativem Denken etwas zu machen, von dem all diejenigen etwas haben, die weiterkommen wollen. Markenstark!

»Persönlichkeit als Marke – Kleidung als Statement«: Der Keynote-Vortrag

(Fotocredit: Stephan Rumpf)

Der eine weiß, was die Kraft der Marke kann und wie man eine wird. Die andere weiß, wie man seine Marke mit dem eigenen Stil und dem richtigen Outfit zum Erblühen bringt. Zusammen sind sie Motsch & Berndt®. Das Schönste: Auf der Bühne sind sie genauso inhaltsgeladen, wegweisend und erfrischend wie zwischen zwei Buchdeckeln.

Wenn Sie Motsch & Berndt® für Ihren Anlass – Ihren Jahresauftakt, Ihr Jubiläum, Ihre Strategietagung, Ihre Kundenveranstaltung – buchen, bekommen Ihre Teilnehmer 100% Human Branding und 100% Image und Outfit. Das sind 200% von dem, was Ihre starke Wirkung ausmacht. Das alles ungebremst, sofort ein- und umsetzbar und mit ganz viel Herz, Hirn und Hand. Und, versprochen: Es wird ernsthaft gelacht.

Mehr hier:
www.motsch.at, office@motsch.at
www.jonchristophberndt.com,
welcome@jonchristophberndt.com

Weiterführende Literatur

Berndt®, Jon Christoph: Die stärkste Marke sind Sie selbst! Schärfen Sie Ihr Profil mit Human Branding, München: Kösel, 5. überarb. Aufl. 2014

Berndt®, Jon Christoph: Die stärkste Marke sind Sie selbst! Das Human Branding Praxisbuch, München: Kösel, 2. Aufl. 2014

Berndt®, Jon Christoph und Sven Henkel: BRAND NEW. Was starke Marken heute wirklich brauchen, München: Redline, 2014

Herbst, Dieter (Hrsg.): Der Mensch als Marke. Konzepte – Beispiele – Experteninterviews, Göttingen: BusinessVillage, 2. Aufl. 2011

Koller, Christine und Stefan Rieß (Hrsg.): Jetzt nehme ich mein Leben in die Hand. 21 Coaching-Profis verraten ihre effektivsten Strategien, München: Kösel, 4. Aufl. 2009

Motsch, Elisabeth: Karriere mit Stil, Trauner Verlag, 1. Auflage 2014

Palm, Stephanie: TYPisch Ich!: Typberatung mit Charakter, Books on Demand, 1. Auflage 2008

Hunkel, Karin: Ganzheitliche Farbberatung: Ein Ratgeber zur richtigen Farbentscheidung, Schirner Verlag, 6. Auflage, 2011

Heller, Eva: Wie Farben wirken – Farbpsychologie. Farbsymbolik. Kreative Farbgestaltung, Rororo, 7. Auflage, 2004